韩洁 陈明 主编

Enterprise resource planning

沙盘模拟实训教程
第二版

化学工业出版社
·北京·

北京化工大学学生参加了第一届至第十二届"全国大学生 ERP 沙盘模拟经营大赛",并取得了骄人的成绩。本书主编系十二届大赛获奖学生的直接指导教师,全书内容为指导教师和获奖学生共同创作的结果,是他们多次参赛成功经验及失败教训的总结。本书主要内容:基础篇介绍课程、角色、内容、台面、报表填法等;入门篇介绍初始状态解析、从感性认识到理性实践、全面预算、流程小结;提高篇介绍战略、财务、市场、生产、采购、团队及商战实践平台经营;比赛案例以实际参赛经历回顾北京赛区和全国大赛的过程,最后是获奖学生的感言。

本书适用于所有对 ERP 沙盘感兴趣的本科和高职高专院校的教师和学生。

图书在版编目(CIP)数据

ERP 沙盘模拟实训教程/韩洁,陈明主编 . —2 版.
北京:化学工业出版社,2017.8(2022.11重印)
ISBN 978-7-122-29994-9

Ⅰ.①E… Ⅱ.①韩…②陈… Ⅲ.①企业管理-计算机管理系统-高等学校-教材 Ⅳ.①F270.7

中国版本图书馆 CIP 数据核字(2017)第 145390 号

责任编辑:唐旭华　尉迟梦迪　　　　装帧设计:张　辉
责任校对:边　涛

出版发行:化学工业出版社(北京市东城区青年湖南街 13 号　邮政编码 100011)
印　　装:高教社(天津)印务有限公司
787mm×1092mm　1/16　印张 9½　字数 230 千字　2022 年 11 月北京第 2 版第 5 次印刷

购书咨询:010-64518888　　　　　　售后服务:010-64518899
网　　址:http://www.cip.com.cn
凡购买本书,如有缺损质量问题,本社销售中心负责调换。

定　价:28.00 元　　　　　　　　　　　　　　　　　　　版权所有　违者必究

本书编写人员

主　　编：韩　洁　陈　明

编写人员（以姓氏笔画为序）：

马京健　王　璇　王丽敏　王岚熙　刘　玮
刘宗广　李　鹏　杨　洋　宋泳华　张浙萌
张腊梅　陈　明　陈　鑫　陈国政　孟　丽
赵庆亮　韩　洁

前 言

中国的高等教育已经实现了从精英教育到大众教育的转变，这对于提高我国国民素质、综合国力和国际竞争力都起到了重要作用。但是由于历史和现实的原因，高等教育正面临着不少问题和挑战，其中之一就是要解决理论教学和实际脱节的问题。

用友股份有限公司研发的"企业资源管理（ERP）沙盘模拟实训课程"（简称"ERP沙盘模拟实训课程"）自2004年问世以来，已经在全国众多院校中得到推广使用，该课程采用一种全新教学法，能充分调动学生学习的主动性，让学生身临其境，直面企业的生产经营和市场竞争的精彩纷呈与残酷惨烈的交织场景，体味对风险和责任的承担，较快地提高自身的经营管理的素质与能力。所以一经推出，备受学生的喜爱与推崇，教学效果显著。值得一提的是，作为第二课堂，在中国高等教育学会、用友新道科技股份有限公司的推动和支持下，至2016年年底，"全国大学生ERP沙盘模拟经营大赛"已成功举办了十二届，来自全国30多个不同省市、自治区和港澳地区累计上万人次的学生参加了这项赛事，大大推动了全国高校实验实训教学的深化改革。

北京化工大学的学生有幸参加了这十二届"全国大学生ERP沙盘模拟经营大赛"，并取得了较好的成绩。每次参赛获奖后，学生都很兴奋，都有很多心得体会，也有诸多遗憾。鉴于此，第三届全国大赛结束后，陈明老师就组织参赛学生撰写了本书第一版，出书后被许多学校选用，并得到广大师生及读者的好评。本次修订，我们增加了关于"商战"系统的相关内容，及第十二届全国赛本校的比赛过程回顾和感想。本书是多年来参赛指导教师和参赛队员集体智慧的结晶，不仅包括了"创业者"手工沙盘、"创业者"电子沙盘及"商战"系统的基本规则和分析，更是利用问答形式，对沙盘实训规则进行了深入研究和透彻的分析，并结合实际参赛案例，将丰富的经验和技巧应用于各比赛年的相关环节中，且针对不同的机遇和挑战进行提示，展示出同学们思考问题过程的闪光点和过人之处。

管理大师德鲁克说过："管理是一种实践，其实质不在于'知'而在于'行'；其验证不在于逻辑，而在于成果；其唯一权威就是成就。"现代企业中，对过程进行管理的年代已经结束，取而代之的是关注最终结果的管理思维。如何以结果为导向，实施简单而有效的方法，是现代管理要研究和追求的目标。希望本书能搭建一个平台，一方面与全国各校师生共同探讨"ERP沙盘模拟实训课程"的教学与比赛中的问题，深化实践教学的改革与创新；另一方面让学生在实训和比赛过程中达到"知行合一"，提高自身的素质和能力。

感谢用友新道科技股份有限公司多年来支持"全国大学生ERP沙盘模拟经营大赛"的举办，为参赛同学提供了一个挑战自我、实现自我的平台。尽管编者力求完善，书中疏漏还是难免，敬请各位学者专家批评指正，以便我们不断改进提高。

编者

2017年5月

目 录

第1章 基础篇 ··· 1
  1.1 课程简介 ··· 1
    1.1.1 ERP沙盘的由来 ··· 1
    1.1.2 "ERP沙盘模拟"简介 ··· 1
  1.2 角色详解 ··· 2
    1.2.1 总经理（CEO）的职责 ··· 2
    1.2.2 财务总监（CFO）的职责 ··· 3
    1.2.3 市场总监（CMO）的职责 ··· 4
    1.2.4 生产总监（COO）的职责 ··· 4
    1.2.5 采购总监（CPO）的职责 ··· 5
  1.3 ERP模拟实验内容及目的 ··· 5
  1.4 介绍ERP沙盘台面 ··· 6
    1.4.1 财务中心 ··· 6
    1.4.2 营销与规划中心 ··· 8
    1.4.3 物流中心 ··· 10
    1.4.4 生产中心 ··· 11
  1.5 相关表格的填列方法 ··· 13
    1.5.1 应收账款登记表的填列方法 ··· 13
    1.5.2 公司贷款申请表的填列方法 ··· 14
    1.5.3 市场开拓、产品研发登记表的填列方法 ··· 14
    1.5.4 公司采购登记表的填列方法 ··· 17
    1.5.5 生产设备状态记录表的填列方法 ··· 17

第2章 入门篇 ··· **19**
  2.1 初始状态解析 ··· 19
  2.2 从感性认识到理性实践 ··· 20
    2.2.1 第一年流程 ··· 20
    2.2.2 第二年流程 ··· 21
  2.3 全面预算 ··· 22
  2.4 流程小结 ··· 22

第 3 章　提高篇 ······ 23
3.1　战略板块 ······ 23
3.2　财务板块 ······ 32
3.3　市场板块 ······ 44
3.4　生产板块 ······ 50
3.5　采购板块 ······ 53
3.6　团队板块 ······ 55

第 4 章　"商战实践平台"经营 ······ 59
4.1　"商战实践平台"简介 ······ 59
4.2　"商战实践平台"系统的构成 ······ 59
4.3　"商战实践平台"的经营规则 ······ 66
4.4　"商战实践平台"系统与"创业者电子沙盘"的比较 ······ 69

第 5 章　比赛案例回顾及分析 ······ 71
5.1　第三届 ERP 沙盘北京赛（创业者手工沙盘） ······ 71
5.2　第三届 ERP 沙盘全国赛（创业者电子沙盘） ······ 93
5.3　第十二届 ERP 沙盘全国赛 ······ 120

第 6 章　赛后感言 ······ **135**
6.1　第十二届参赛队队员　王岚熙（CEO） ······ 135
6.2　第十二届参赛队队员　宋泳华（COO） ······ 135
6.3　第十二届参赛队队员　孟丽（CFO） ······ 137
6.4　第十二届参赛队队员　陈国政（CPO） ······ 138
6.5　第十二届参赛队队员　张淅萌（CMO） ······ 139
6.6　第三届参赛队队员　刘宗广（CPO） ······ 140
6.7　第二届参赛队队员　李鹏（CEO） ······ 140
6.8　第一届参赛队队员　张腊梅（CEO） ······ 142

参考文献 ······ 144

第1章 基础篇

1.1 课程简介

1.1.1 ERP沙盘的由来

沙盘一词，起源于战争模拟推演，它采用各种模型来模拟战场的地形及武器装备的部署情况，通过模拟推演敌我双方在战场上的对抗与较量，发现对方战略战术上的弱点，从而制定有效的作战方案。目前，沙盘推演已经得到普遍推广，ERP（Enterprise resource planning，企业资源管理）沙盘模拟就是其中之一。

自从1978年被瑞典皇家工学院的Klas Mellan开发之后，ERP沙盘模拟演练迅速风靡全球。现在国际上许多知名的商学院（例如哈佛商学院、瑞典皇家工学院等）和一些管理咨询机构都在用ERP沙盘模拟演练，对职业经理人、MBA、经济管理类学生进行培训，以期提高他们在实际经营环境中决策和运作的能力。

20世纪80年代初期，该课程被引入我国，率先在企业的中高层管理者培训中使用并快速发展。21世纪初，用友、金蝶等软件公司相继开发出了ERP沙盘模拟演练的教学版，将它推广到高等院校的实验教学过程中。现在，越来越多的高等院校为学生开设了"ERP沙盘模拟"课程，并且都取得了很好的效果。

1.1.2 "ERP沙盘模拟"简介

从理论上说，"ERP沙盘模拟"就是将实物沙盘和ERP管理理念相结合，通过构建仿真企业环境，模拟真实企业的生产经营活动，集成企业的所有资源（涉及厂房、设备、物料，还包括人力资源、资金、信息等，甚至还包括企业上下游的供应商和客户），通过计划、决策、控制与经营业绩评估等手段对这些资源进行全方位和系统化的管理，以实现资源的优化配置，使企业流畅运转，从而达到商业上的成功。

在实际操作中，"ERP沙盘模拟"课程的背景设定为六个基础状况完全相同的生产型企业。参加训练的学员分成6组，各代表不同的虚拟公司，每组4~5人，分别担任公司的总经理（CEO）、财务总监（CFO）、市场总监（CMO）、生产总监（COO）、采购总监（CPO）等。每个组都将面临来自其他企业（其他学员小组）的严峻挑战，例如在企业的整个运营过程中，如何分析外部环境、如何制定战略规划、如何有效实施计划、需要开发哪些市场、何时进行产品研发、如何组织生产、如何控制成本、团队怎样协作等，学员们必须做出众多的决策，以期在激烈竞争中将企业向前推进、发展。每个独立的决策似乎容易做出，然而当它们综合在一起时，许多不同的选择方案自然产生，要想做出正确的决策就不是一件轻而易举的事了。

总体来说，ERP沙盘模拟强调学生的主动积极投入，目的在于培养学生亲自动手解决企业实际问题的能力，核心目标就在于让参与者感悟正确的经营思路和管理理念，动态管理、实时控制，从而实现企业财务、业务一体化，实现信息流、物流和资金流的协调统一。

1.2 角色详解

ERP沙盘实战模拟是融角色扮演、案例分析和专家诊断于一体，让参与者能够"互动学习，在过程中学习"的一项课程。该课程一般选择6个经营年度作为模拟期。在模拟过程中，组内的5人将进入场景，如置身于真实的企业，各自肩负不同的职能，支撑相互独立又互相联系的部门。如总经理（CEO）主要负责整个企业的决策和整体规划；财务总监（CFO）负责资金运作的管理，记录每期的现金收支情况，及每年财务报表的报出。各个角色在完成自身岗位工作的同时，还要保证相互之间的信息通畅，及时沟通与协作。

1.2.1 总经理（CEO）的职责

| 企业战略 | 协调与控制 |
| 运营执行 | 知人善任 |

(1) 总经理的职责一般包括

① 组织实施公司年度经营计划和投资方案；
② 主持公司的日常生产经营管理，组织实施并反馈董事会决议；
③ 拟定设置、调整或撤销公司内部管理机构的具体方案；
④ 拟订公司的基本管理制度和具体规章；
⑤ 聘任或解聘除应由董事会聘任或解聘以外的管理人员和工作人员；
⑥ 依有关规章制度决定对公司职工的奖惩、升级、加薪及辞退；
⑦ 在职责范围内，对外代表公司处理业务。

(2) 沙盘对抗中总经理的职责

ERP沙盘是从现实企业中抽象出来的理想化、具体化和简单化的模拟对抗，它和《公司法》规定的各职位的职责不尽相同。总经理是总顾问（指导老师）和各职位人员的联络员，是团队各项工作的组织者和领导者。

首先，对于团队建设，总经理需要知人善任，选择能够胜任相关职位的专业人才，建立起目标明确、相互信任、相互支持、技能互补的一种有默契和效率的团队。在整个运营过程中，应能及时纠正团队内的错误，压力大时缓解气氛，必要时发起"建设性"的争吵。团队团结的关键就在于总经理的组织能力和沟通能力。

其次，在实战对抗中，总经理要召集各职位人员，共同出谋划策、制订企业发展战略、选择执行方案、分配运营任务并组织实施。例如总经理并不具体负责某个职能部门的运营，但他又完全参与各部门的运营工作。他与市场总监合作，分析市场，在不同的市场安排不同的产品组合，制订不同的广告策略；与财务总监共同制定企业的长短期贷款策略；同时，还需要同生产总监、采购总监一起，共同保证企业的正常生产，给市场和财务提供更多的灵活度。当然，沙盘对抗赛是脑力和体力的对抗，总经理的职责远不止这些，在比赛的紧要关头，总经理还要充当救火队员，还要与对手、裁判沟通……总经理还要起监督管理的作用，总经理的这些工作都能有效提高团队的绩效。

此外，在比赛过程中，总经理还起到观察其他组的作用，为本组赢得最有利的竞争环境。

总之，总经理是企业团队的建立者和激励者，是企业整体发展战略的制订者，是企业资产投资的决策者，是企业生产经营的设计者，是企业其他职能部门决策的参与者和制订者。

1.2.2 财务总监（CFO）的职责

参与公司战略管理　　　　　　筹资管理
会计核算与报告　　　　　　　投资管理
财务控制

(1) 财务总监的职责一般包括

① 在董事会和总经理领导下，总管公司预算、会计、报表工作；
② 负责制订公司利润计划、资本投资、财务规划、销售前景、开支预算或成本标准；
③ 制订和管理税收政策方案及程序；
④ 建立健全公司内部核算的组织、指导和数据管理体系，以及核算和财务管理的规章制度；
⑤ 组织公司有关部门开展经济活动分析，组织编制公司财务计划、成本计划、努力降低成本、增收节支、提高效益；
⑥ 监督公司遵守国家财经法令、纪律以及董事会决议。

(2) 沙盘对抗中财务总监的职责

财务状况是企业的命脉，所有者权益为负的企业将被迫宣布破产，现金断流的企业则直接退出比赛，所以在沙盘对抗赛中，财务总监的首要任务就是实现对所有者权益的控制和保证现金流的正常运转。首先，财务总监要参与企业总体发展战略的制订，并依据这一发展战略，估计各年及各经营时期现金总量的需求，制订出相应长短期贷款方案；其次，对各年的财务进行全面预算，保证现金流的通畅，并实现对成本的全面控制，以降低企业的经营风险和经营成本；再次，在各年的实际经营中，进行现金流经营流程的登记工作；最后，还需要填制五大表（订单明细表、品种明细表、综合费用表、资产负债表、利润表）。

企业的经营发展和日常生产都是以财务状况允许为前提的。因此对于财务总监来说，《资产负债表》《利润表》等的填制并不困难，难的是对资金的预算和控制。例如，每年的实际销售额是不确定的，甚至会与预算有很大差异，这就要求财务总监在预算时要充分考虑各种情况，并根据具体情况及时调整资金的使用。另外，沙盘对抗赛中绝大多数企业都是负债经营，长期贷款和短期贷款各有利弊，贷款时期不同对现金流的影响也不相同。因为利息支出将直接导致企业利润减少,从而影响权益,而权益又决定下一年贷款额度。每一财年选完订单,财务总监就应准确制作出资产负债表,并结合生产情况设计交货时间,从而编制出现金流量表,进而安排是否进行贷款以及贷款额度和形式。此外,为了有更好的财务状况,财务总监会对生产线和厂房的投资、市场开拓、产品研发和ISO认证等情况与相应负责人协商,参与战略管理。

1.2.3 市场总监(CMO)的职责

带领销售团队,完成销售目标	提升能力
分配任务	工作评估
招聘人员	业务支持

(1) 市场总监的职责一般包括

① 完成公司年度营销目标以及其他任务;
② 有独立的销售渠道,具有良好的市场拓展能力;
③ 负责销售部门内部的管理及建设;
④ 进行市场调查以及寻找新市场机会;
⑤ 制订新项目市场推广方案;
⑥ 成熟项目的营销组织、协调和销售绩效管理;
⑦ 销售队伍的建设与培养等。

(2) 沙盘对抗中市场总监的职责

企业的利润来自"开源"和"节流"两个方面。成本控制的作用在于"节流",而销售总监的作用就是"开源"。如果没有实现企业的销售,没有"开源",就算成本控制为零也没有利润来源,毕竟"羊毛出在羊身上"。市场总监必须要做好各市场总需求及产品价格走势的分析、研究,估计出企业各年的销售量;据此参与制订企业的总战略;参与制订与市场需求相应、且与企业能力相应的投资策略;从而制订企业的销售策略。此外市场总监还需依据企业的销售目标,市场的供给状况,做出相应的广告策略及市场订单的选择策略;制订企业市场开拓和ISO认证等无形资产的投资方案;按既定的预算进行交货,并进行收款或者填写应收账款单据;向财务申请支付与市场相关的现金支出等。

1.2.4 生产总监(COO)的职责

产品研发管理	平衡生产能力
质量体系认证	生产车间管理
固定资产投资	成品库存管理
编制生产计划	产品外协管理

(1) 生产总监的职责一般包括

① 保证本单位安全生产投入的有效实施;
② 督促、检查本单位的安全生产工作,及时消除生产安全事故隐患;
③ 建立、健全本单位安全生产责任制;

④ 组织制定本单位安全生产规章制度和操作规程；
⑤ 组织制定并实施本单位的生产安全事故应急救援预案；
⑥ 及时、如实报告生产安全事故。

(2) 沙盘对抗中生产总监的职责

生产总监的工作直接体现在与其他队员的配合中。生产总监必须按照企业的战略规划，安排产能大、效率高的生产线来生产企业决策中的主打产品，同时还要使生产线的建成与产品研发同步，合理安排生产线，尽量减少维修费和折旧费用。柔性生产线无疑是对采购总监的计算能力的考验，生产总监需要协助采购总监计算原材料采购数据，否则就有可能面对巧妇难为无米之炊的窘境。同时，生产总监要结合原材料的库存和在途情况以及生产线结构分析下一财年的产出情况，向市场总监提供准确的产能数据，以便于选择订单，并向财务总监提供生产所需原材料采购费用、加工费、维修费、折旧费等数据，为财务预算做准备。

1.2.5 采购总监（CPO）的职责

编制采购计划　　　　　仓储管理
签订采购合同　　　　　与财务部门协调
监控采购过程　　　　　与生产部门协同

(1) 采购总监的职责一般包括
① 在上级的领导授权下，负责采购部门的各项工作。
② 在遵循公司总体经营策略下，领导采购部门完成公司的业绩要求。
③ 给予采购人员相应的培训。
④ 与采购本部及其他地区公司密切沟通与配合。

(2) 沙盘对抗中采购总监的职责

采购总监是团队中除财务总监之外计算量最大的人了，根据生产线的情况计算原材料的采购情况是其主要职责。由于存在柔性生产线，采购总监往往要有几套采购方案，同时原材料的库存状况也会影响到生产总监对生产线的安排。在紧要关头，企业可能会靠贴现款购买原材料，这时，采购总监、生产总监、市场总监以及财务总监就要发挥协作精神了，要在生产线允许的前提下，花最少的成本生产出市场上利润最高的产品，"把好钢用在刀刃上"。

1.3 ERP 模拟实验内容及目的

ERP 沙盘模拟实训，不是单纯的一门课程，它是对所学管理理论、财务知识的一个高度概括和应用。整个实训从多角度透视了企业整体运营过程，涉及企业战略管理、西方经济学、市场营销、生产运作、基础会计、财务管理等多门课程的知识。通过ERP沙盘模拟企业流程，同学们从整体战略、产品研发、设备投资改造、生产能力规划与排程、物料需求计划、资金需求规划、市场与销售、财务经济指标分析、团队沟通与建设等多个方面，切身体会到一个企业运作的完整流程，从而深刻理解企业经营决策的战略意义，领悟 ERP 管理思想的真谛，进而提升自身的能力。

(1) ERP 模拟实验内容

① 从战略角度，涉及企业战略设计、战略实施和战略评估的思路。

② 从财务角度，涉及管理现金流、筹措资金、投资回收分析、了解《会计法》对企业财务的规定以及对企业经理人的相关约束、三张表（现金流量表、利润表、资产负债表）的分析利用、财务风险与经营风险的防范等内容。

③ 从市场营销角度，涉及产品需求的数量分析、产品销售价位、销售毛利分析、市场开拓与品牌建设对企业经营的影响、市场投入的效益分析、产品盈亏平衡点预测、占领市场份额等内容。

④ 从采购生产角度，涉及采购订单的控制（以销定产、以产定购的管理思想）、库存控制（ROA[①]与减少库存的关系）、JIT（just-in-time准时生产的管理思想）、生产成本控制（生产线改造和建设的意义）、产销排程管理（根据销售订单的生产计划与采购计划）、合理的安排采购和生产等内容。

(2) 课程目的

一是整合学科知识，将所学的知识运用到模拟环境的实际问题处理当中。德鲁克说："管理是一种实践，其本质不在于'知'而在于'行'；其验证不在于逻辑，而在于成果；其唯一权威就是成就。"所以追求卓有成效的工作效果的学习不能光靠理论经验，还要通过实践的积累，通过实践感悟。

二是锻炼团队协作能力，学会换位思考。沙盘模拟将使参与者实地学习如何在立场不同的各部门间沟通协调。通过角色轮换理解其他部门工作的切实需要，培养不同部门人员的共同价值观与经营理念，从而树立认识问题的全局性，建立以整体利益为导向的组织。

1.4 介绍 ERP 沙盘台面

沙盘的台面象征着一个公司的物质基础，相当于公司的现实表现形式，让人一目了然。一个公司的好坏，经营的结果都可以在这个台面用"物质"表现出来，而不是空洞乏味的数字形式。因此，沙盘学习就从过去的理论化教学发展到现在的实践化教学，让同学们用已学过的知识来"经营"自己的"企业"。

台面上共分为四个大的组成部分，具体介绍如下。

1.4.1 财务中心

财务中心在台面上包括资金中心和综合费用中心，如图 1.1 和图 1.3 所示。

第一，资金中心

资金中心主要包括现金、长期贷款（长贷）、短期贷款（短贷）、其他贷款（包括高利贷等）、应收账款以及应付账款（一般不涉及）。

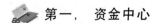

[①] ROA：Return on Assets，资产收益率。

第1章 基础篇

图 1.1 财务中心

现金 代表公司现金的灰币,每一个现金币代表 100 万,记为 1M❶,如图 1.2 所示。放在图中现金位置,用于公司日常运作。此处只能放置由应收账款、贷款和贴现得到的现金,以及销售现金订单所得到的现金收入。

图 1.2 现金

应收账款 公司销售出去的产品很多时候不是立刻得到现金,而是有一定账期的应收账款,当公司按照销售订单交货时,要根据订单上面的账期将销售额放在相应账期的位置上,如图 1.1 "应收款"处,公司每运营完一个周期(1 季度),就将应收账款向前移动一个账期,等到账期为零时就拿着应收账款登记单去领取现金。

短贷 此项贷款的最高额度与本公司上一年的所有者权益挂钩,一般为所有者权益的两倍(具体情况以当次规则为准)。在沙盘训练中,此项只起到记录作用,不必把现金放在图 1.1 中短贷相应位置。例如,某公司借了 4000 万(40M)的短期贷款,则财务总监应该把借来的钱放到现金的位置,然后写一张 4000 万(40M)的纸条放在短贷第四个账期(Q4❷)的位置,与应收账款的操作一样,公司每运营完一个周期(1 季度),就将此带有数据的纸条向前移动一个账期,直到账期为零时,也就是该还短贷和利息时,财务总监就拿着相应的现金去银行还短贷,并将利息费用放在盘面相应位置。

长贷 此项贷款的最高额度也与本公司上一年的所有者权益挂钩,一般为所有者权益的两倍,有时会有变动,具体情况以当次规则为准。与短贷相同,只起到记录的作用。操作方法也一样,唯一不同的是每一格代表的是一年,而不是一个季度,因此纸条的位置是每过一年才移动一次。

高利贷 高利贷也是一种融资方式(大多数比赛时不使用这种融资方式),一般不采用,因为融资成本非常高,只有公司现金短缺且贷款额度已满又没有应收账款可以贴现时,公司才会考虑此种方式融资。与短期贷款不同的是高利贷在每一季度的任何时间都可以贷和还,而短期贷款必须在每一季度的固定的某个时间,其他操作两者均相同。

第二, 综合费用中心

除了财务中心,财务部门还包括台面上的综合费用中心。在企业经营过程中,如产生包括维修费、转产费、厂房租金、贴现利息、管理费用、广告费、贷款利息、生产线折旧及其他费用,必须在综合费用中心对应区域放入相应费用数额,如图 1.3 所示。此外,在销售盈

---

❶ "M"代表百万,在 ERP 沙盘模拟中用以表达金额的数量级。

❷ "Q"代表季,Q4 代表第四季度。在后文的"商战"平台中则恢复"季"的表达方式。

图 1.3 综合费用中心

利的情况下，还有交纳的上年税金。

广告费 公司为了得到更大的销售订单都会为本公司的产品打广告做宣传，这时应把当年打的广告费放在图 1.3 "广告"位置处。

折旧 每年年末公司都要按照会计准则，为生产线计提折旧，将计提的折旧放在图 1.3 "折旧"位置处（注意：折旧费是从设备净值中提取）。

利息 主要包括每年应偿还的长贷和短贷的利息，如果有高利贷，还应包括高利贷利息，将每期利息放在图 1.3 "利息"位置处。

管理费 每年年末公司要交的行政管理费都放在图 1.3 "管理"位置处。

维护费 只要建设完成的生产线都需要维护费，产生的费用放在图 1.3 "维修费"位置处。

贴息 当公司为了获得现金将应收账款贴现时，需要缴纳相应的贴现费，此项费用就放在图 1.3 "贴息"位置处。

其他 当公司由于特殊情况产生费用（即损失）时，则放在"其他"费用的位置，如图 1.3 所示。例如当公司想变卖旧的生产线，且该生产线的净值大于其残值时，公司应将残值放到现金的位置，将超过残值的部分作为其他费用（依规则）。

税金 如果企业开始赢利并且弥补亏损之后，每年年初缴纳的上年所得税放入图 1.3 "税金"位置处。

1.4.2 营销与规划中心

市场部门在台面上表现为营销与规划中心，如图 1.4 至图 1.6 所示。主要包括产品研发、市场开拓和质量认证等工作内容。需注意的是，无论产品研发、市场开拓还是质量认证，均可以在中途停止研发，之后继续研发。

 第一，产品研发

生产经营过程中，生产线可生产四种产品，即 P1、P2、P3、P4。一般除了 P1 产品外，其余三种产品需要模拟公司自己研发，且需要一定的研发周期和研发费用。研发期间，应将研发费用放入对应的产品生产资格位置，研发完成并取得生产资格认证后，将生产资格认证标识放入相应位置，如图 1.4 所示。产品的研发周期及研发费用见表 1.1，产品的物料清单如图 1.5 所示。

P1 为最初级的产品，不需要研发周期和费用，可直接投入生产，所需原材料简单，需求量大，但相对价格便宜，如图 1.4(a) 所示，为 P1 产品生产资格。

P2 此种产品为企业在运营过程中依据本组的情况而定是否研发的产品，它的需求也比较大，研发费用相对廉价，需要 2 种原材料，但销售价格较 P1 高。如图 1.4(b) 所示，

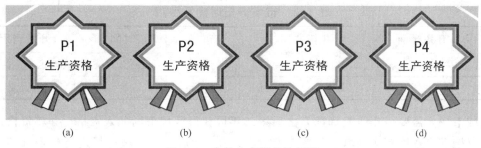

图 1.4　产品生产资格认证图

为 P2 产品生产资格。

P3　此种产品属于高级产品的一种，研发费用较大，所需原材料复杂，市场需求较少，质量要求较高，但利润也颇为丰厚。如图 1.4(c) 所示，为 P3 产品生产资格。

P4　此种产品为终极产品，研发困难，所需研发费用高，所需原材料较多，原材料搭配也相对复杂，市场的需求不多，利润和 P3 相比不是很大，因此也是各组经常放弃研发的一种产品。如图 1.4(d) 所示，为 P4 产品生产资格。

表 1.1　产品的研发周期及研发费

产品	研发周期/Q	每季度投资/M	研发费合计/M	产品	研发周期/Q	每季度投资/M	研发费合计/M
P1	—	—	—	P3	6	2	12
P2	6	1	6	P4	6	3	18

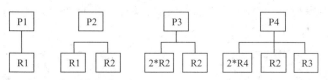

图 1.5　产品的 BOM 结构

第二，市场开拓

市场的分类相对简单，共有五种市场，每种市场均可销售四种产品，但是价格、需求量各有不同，质量要求也不同。除本地市场外，区域市场、国内市场、亚洲市场和国际市场都需要模拟公司自己开发，并且每高一级市场的开发都要比低一级市场所需的开发费用多 100 万（1M），时间也多一年。具体表述如图 1.6 和表 1.2 所示。

图 1.6　市场准入开拓图

本地市场　不需要研发周期，已拥有本地市场准入资格，如图 1.6(a) 所示。从生产第一年开始便可直接在本地市场进行广告宣传，争取客户订单销售产品。

表 1.2　市场开拓时间及费用

市场	开拓时间/年	开拓费用	市场	开拓时间/年	开拓费用
区域	1	1M/年＊1年＝1M	亚洲	3	1M/年＊3年＝3M
国内	2	1M/年＊2年＝2M	国际	4	1M/年＊4年＝4M

区域市场　需要一年研发周期，之后第二年可获得区域市场准入资格，并将资格证放置在区域市场准入资格相应区域，如图 1.6(b) 所示，此后可在区域市场进行广告宣传，争取客户订单销售产品。

国内市场　需要两年研发周期，研发累计两年后可获得国内市场准入资格，并将资格证放置在国内市场准入资格相应区域，如图 1.6(c) 所示，此后可在国内市场进行广告宣传，争取客户订单销售产品。

亚洲市场　需要三年研发周期，研发累计三年后可获得亚洲市场准入资格，并将资格证放置在亚洲市场准入资格相应区域，如图 1.6(d) 所示，此后可在亚洲市场进行广告宣传，争取客户订单销售产品。

国际市场　需要四年研发周期，研发累计四年后可获得国际市场准入资格，并将资格证放置在国际市场准入资格相应区域，如图 1.6(e) 所示，此后可在国际市场进行广告宣传，争取客户订单销售产品。

第三，质量认证

和现实较为相近，随着市场的占领和开拓，广大消费者也对质量的要求越来越高，因此，要想获得更好的经营效果，每家公司必须在产品的质量上做文章，以便占领更多市场份额。这在沙盘模拟中表现为"ISO 认证"，"ISO 认证"需要经过一段时间并花费一定的费用，如图 1.7 所示。

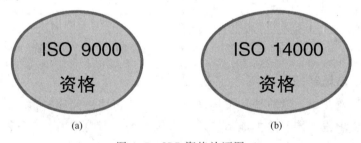

图 1.7　ISO 资格认证图

ISO 9000　ISO 9000 的资格认证需要两年研发周期，当研发完成后放置 ISO 9000 资格认证在如图 1.7(a) 相应位置，就可以争取需要 ISO 9000 资格认证的产品订单。在实训的相关表格中 ISO 9000 记为 9K。

ISO 14000　ISO 14000 的资格认证需要三年研发周期，当研发完成后放置 ISO 14000 资格认证在如图 1.7(b) 相应位置，可以争取需要 ISO 14000 资格认证的产品订单。同样，在实训的相关表格中 ISO 14000 记为 14K。

1.4.3　物流中心

采购部门在台面上表现为物流中心，如图 1.8 所示。主要包括原材料订单和原材料库两

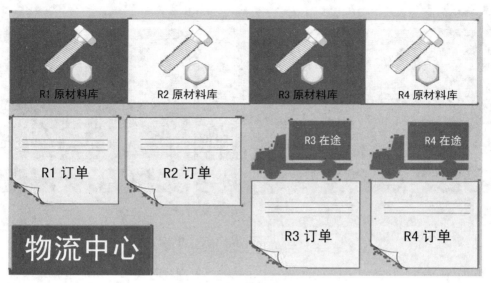

图 1.8　物流中心

个部分。

- 第一，原材料种类

沙盘训练中一共有四种原材料，分别是 R1（红色）、R2（橙色）、R3（蓝色）、R4（绿色），如图 1.9 所示。每一种原材料的单位价格都是 100 万，即 1M。

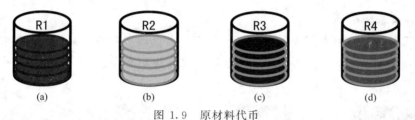

图 1.9　原材料代币

- 第二，原材料订单

放置本公司预定的购买原材料的订购单。

R1、R2 原料订单　直接放置在图 1.8 中 R1、R2 订单相应位置，一个季度后可直接购回订购的原材料，并移动至 R1、R2 原材料库待用。

R3、R4 原料订单　先放在图 1.8 中 R3、R4 订单相应位置，一个季度后向上推进放置在在途小汽车上，第二季度购回定购的原材料，并移动至 R3、R4 原材料库待用。

- 第三，原材料库

放置原材料，R1、R2、R3 和 R4 分别放置在如图 1.8 对应位置。

1.4.4　生产中心

生产部门在台面上表现为生产中心，如图 1.10 所示。主要包括大厂房、小厂房及各类生产线。

- 第一，大厂房

购买大厂房所用资金应当放入图中"大厂房"旁边相应位置，如图 1.10 所示，作为固

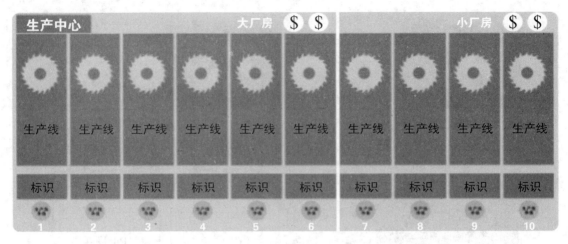

图 1.10 生产中心

定资产，且不可随意移动固定资产的资金。如果需要，则通过买卖厂房的步骤，然后将所得现金放在应收账款 4 期位置上。

大厂房可安装 6 条生产线，一般价格为 40M。

 第二，小厂房

购买小厂房所用资金应当放入图中"小厂房"旁边相应位置，如图 1.10 所示。

小厂房有 4 条生产线安装的位置，一般价格为 30M。

 第三，各类生产线

大、小厂房可安装的生产线包括手工生产线、半自动生产线、全自动生产线以及柔性生产线。模拟公司可根据本企业需要，任意选取并进行投资和安装，一旦安装则不可以随意移动位置（图 1.11）。

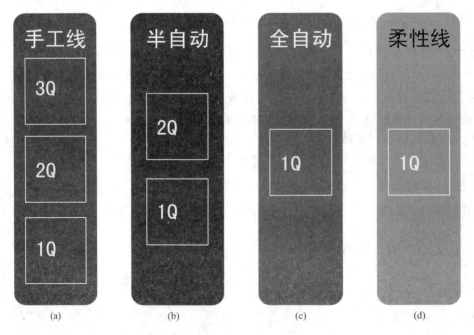

图 1.11 各类生产线

手工生产线 可生产任意产品,生产周期为3期,无转产费用,无安装周期,如图1.11(a)。

半自动生产线 可生产任意产品,生产周期为2期,有转产费用,有安装周期,如图1.11(b)。

全自动生产线 可生产任意产品,生产周期为1期,有转产费用,有安装周期,如图1.11(c)。

柔性生产线 可生产任意产品,生产周期为1期,无转产费用,有安装周期,如图1.11(d)。

1.5 相关表格的填列方法

1.5.1 应收账款登记表的填列方法

如表1.3所示,一年下面一行的1、2、3、4是指第一年的四个季度,应收期右面一列的1、2、3、4是指应收款的应收账期。下面举例说明填写方法。

表1.3 应收账款登记表

公司	款类	一年				二年				三年			
		1	2	3	4	1	2	3	4	1	2	3	4
应收期	1												
	2			★									
	3													
	4													
到款							●						
贴现								■					
贴现费								▲					

如果第一年第三季度卖了产品,应收款是9M,应收账期是两个季度,则应该在标有★的格子内填写数字9。由此可以知道,这9M在第二年的第一季度到期,所以当企业运营到第二年的第一季度时应在标有●的格子内填写数字9。

再举一个贴现的例子,如果在第二年的第三季度企业的资金不足,需要贴现,一般情况下贴现的比例是1:7,即企业用7M的应收款贴现,则可以得到6M的现金,另外1M则要记入贴现费用,所以拿去贴现的应收款必须是7的倍数。具体的填表方法是在标有■的格子内填写数字7,在标有▲的格子内填写数字1。

1.5.2 公司贷款申请表的填列方法

表 1.4 和表 1.5 为公司短期贷款、高利贷及长期贷款申请表。

表 1.4 公司短期贷款、高利贷申请表

贷款类		1年				2年				3年				4年				5年				6年			
		1	2	3	4	1	2	3	4	1	2	3	4	1	2	3	4	1	2	3	4	1	2	3	4
短贷	借			★																						
	还																									
高利贷	借																									
	还																									
短贷余额				●																						
监督员签字																										

表 1.5 公司长期贷款申请表

长贷	借			■		
	还					
长贷余额				▲		
上年权益						
监督员签字						

前提：规则中规定公司长短期贷款的额度分别为上年权益的 2 倍（长短期分别计算贷款额度）。短期贷款必须按 20M 的倍数申请。如果上年权益为 11～19M，只能按 10M 的 2 倍申请短期贷款；如果上年权益低于 10M，将不能获得短期贷款（只能获得长期贷款）。长期贷款最低的申请额为 10M，最低的授信权益为 5M，上年权益低于 5M 的公司，不能申请任何贷款。

首先介绍短贷的填写方法，如果第一年第三季度企业申请了短贷 20M，上一年权益为 49M，且总的短贷是 20M，则公司的短贷余额是 60M，因此应在标有★的格子内填写 20M，且在标有●的格子内填写 60M；高利贷和短贷的填写方法一样。

与短贷不同的是长贷是每年年底才能贷，举例说明，公司在第三年底申请了长贷 10M，且第二年的权益为 69M，总的长贷是 100M，则公司的长贷余额就是 20M，因此应在标有■的格子内填写 10，在标有▲的格子内填写 20。

1.5.3 市场开拓、产品研发登记表的填列方法

表 1.6～表 1.8，即市场开发投入表、产品开发登记表和 ISO 认证投资登记表。这三个

表都是每年年底要和财务报表一起交给裁判的。

表 1.6 市场开发投入登记表

年度	区域市场(1年)	国内市场(2年)	亚洲市场(3年)	国际市场(4年)	完成	监督员签字
第1年	1	1	1	1	区域市场	
第2年		1	1	1	国内市场	
第3年			1	1	亚洲市场	
第4年				1	国际市场	
第5年						
第6年						
总计						

表 1.7 产品开发登记表

年度	P2	P3	P4	总计	完成	监督员签字
第1年	4	8	12	24		
第2年	2	4	6	12	P2、P3、P4	
第3年						
第4年						
第5年						
第6年						
总计						

表 1.8 ISO认证投资登记表

年度	第1年	第2年	第3年	第4年	第5年	第6年
ISO 9000						
ISO 14000	1					
总计	1					
监督员签字						

为了便于理解,下面举例说明这三个表的填法。

公司在第一年年底分别投入1M研发区域市场、国内市场、亚洲市场和国际市场,在第一年末,即可获得区域市场准入资格认证,第二年继续投资研发国内市场、亚洲市场和国际市场,第二年末,累计投资国内市场两年,年末即可获得国内市场准入资格认证,以此类推。

在第一年的四个季度里分别投入4M、8M和12M研发P2、P3、P4产品,产品研发需要六个周期,需要继续投资才可获得产品生产资格,如第二年继续投入2M,4M,6M,则P2、P3、P4产品研发完成如表1.7所示。

在第一年对 ISO 14000 认证投入 1M，则具体填法参照表 1.8，以后的年度的填法类同。

由于公司的广告登记表太多，就不做一一介绍，这里只举第一年和第六年作为例子。一般情况下，公司刚成立的时候只有 P1 产品和本地市场，所以只能在第一年本地市场对应 P1 产品的格子里填写要打的广告数量，即在表 1.9 中标有●的格子里填写广告数量。

随着企业的发展，企业会开发 P2、P3 和 P4 产品，以及相应的市场准入资格和 ISO 认证，这时的广告单就不是那么简单了，在不同的市场上对不同的产品都分别投广告。例如，公司在第六年本地市场对四种产品投入的广告费分别是 1M、3M、2M、3M，在区域市场投入的广告分别是 0M、0M、1M、3M，在国内市场投入的广告是 1M、0M、1M、2M，在亚洲市场投入的广告分别是 0M、1M、0M、1M，在国际市场投入的广告分别是 3M、0M、1M、1M，另外，在亚洲市场投了 1M 的 ISO 9000 认证，在国际市场投了 1M 的 ISO 14000 认证，则广告登记表的填法如表 1.10～表 1.14 所示。

表 1.9　第 1 年本地市场广告费登记表

第 1 年本地			
产品	广告	9K	14K
P1	●		
P2			
P3			
P4			

表 1.10　第 6 年本地市场广告费登记表

第 6 年本地			
产品	广告	9K	14K
P1	1		
P2	3		
P3	2		
P4	3		

表 1.11　第 6 年区域市场广告费登记表

第 6 年区域			
产品	广告	9K	14K
P1			
P2			
P3	1		
P4	3		

表 1.12　第 6 年国内市场广告费登记表

第 6 年国内			
产品	广告	9K	14K
P1	1		
P2			
P3	1		
P4	2		

表 1.13　第 6 年亚洲市场广告费登记表

第 6 年亚洲			
产品	广告	9K	14K
P1			
P2	1		
P3		1	
P4	1		

表 1.14　第 6 年国际市场广告费登记表

第 6 年国际			
产品	广告	9K	14K
P1	3		
P2			
P3	1		
P4	1		1

1.5.4 公司采购登记表的填列方法

公司采购登记表如表 1.15 所示。

表 1.15 公司采购登记表

公司采购登记表																
1年	1季				2季				3季				4季			
原材料	R1	R2	R3	R4	R1	R2	R3	R4	R1	R2	R3	R4	R1	R2	R3	R4
订购数量																
采购入库																

（1）在"订购数量"一栏填入计算好的当期订购各材料的数量；
（2）在"采购入库"一栏填入前期订购当期入库的原材料数量。

1.5.5 生产设备状态记录表的填列方法

生产及设备状态记录表，如表 1.16 所示，是生产总监需要填写的最重要的表格之一，它记录包括产出状况、生产线、产出品总计等多个情况，此表可进行产能预算统计。
（1）"产出情况"一栏填当期该生产线所生产的产品类型；
（2）"生产线"一栏的"手/半/自/柔"为生产线类型，将厂房内生产线类型画钩；

表 1.16 公司第____年生产及设备状态记录表

公司第____年生产及设备状态记录表												
生产线编号	1	2	3	4	5	6	7	8	9	10	产出合计	
产出情况	产出(P)	产出(P)	产出(P)	产出(P)	产出(P)	产出(P)	产出(P)	产出(P)	产出(P)	产出(P)	P1 P2 P3 P4	
1季度末	生产线	平/半/自/柔/空	平/半/自/柔/空	平/半/自/柔/空	平/半/自/柔/空	平/半/自/柔/空	平/半/自/柔/空	平/半/自/柔/空	平/半/自/柔/空	平/半/自/柔/空	平/半/自/柔/空	
	停产	停产	停产	停产	停产	停产	停产	停产	停产	停产		
	在产(P/Q)	在产(P/Q)	在产(P/Q)	在产(P/Q)	在产(P/Q)	在产(P/Q)	在产(P/Q)	在产(P/Q)	在产(P/Q)	在产(P/Q)		
	在线(Q)	在线(Q)	在线(Q)	在线(Q)	在线(Q)	在线(Q)	在线(Q)	在线(Q)	在线(Q)	在线(Q)		
	转产(Q)	转产(Q)	转产(Q)	转产(Q)	转产(Q)	转产(Q)	转产(Q)	转产(Q)	转产(Q)	转产(Q)		

（3）以下四栏为该生产线的状态，若生产线当期停产就在"停产"一栏画钩，若生产线在生产则在"在产"一栏填入所生产的产品及所在生产期，若生产线在建或者转产则在"在建"或者"转产"栏内填入相应的区间；

（4）填制"生产设备状态记录表"需与盘面的厂房内各生产线状态相对应。

第2章 入门篇

2.1 初始状态解析

这是 ERP 沙盘的起始阶段,在这个阶段里,主讲老师会带领同学们走完全部过程,换句话来说,可以理解为原来的公司领导向新一届领导班子进行上一年的年度报告,以方便新任领导更好地领导公司、求得企业的发展。具体步骤如下。

第一步,"召开新年度规划会议"。分析市场,制定战略,做出规划。

第二步,"参加订货会议"。投放广告,争取销售订单。

第三步,"制订新年度计划"。根据订单情况,调整战略,编制各项具体经营计划。

第四步,"上交应付税"。根据上年利润表"所得税"项,上缴税金。

以上四步为每年年初需要完成的工作。下面为各季度具体工作。

第五步,"季初现金盘点"。清点台面上的现金数。

第六步,"更新短贷/申请短贷"。先还短贷再申请新的短贷。

第七步,"更新应付款"。在模拟运营中,为了降低难度,应付款一般不涉及,此步可直接略过,CEO 在企业经营过程记录表中用"√"作记录即可。

第八步,"原材料入库/更新原材料订单"。取回上一期订购的原材料,更新未到期的原材料订单。

第九步,"下原料订单"。采购总监按照新一期采购计划,提交原材料订单。

第十步,"更新生产/完工入库"。生产总监将在制品向前推进一期,完工产品则放到对应的成品库中。

第十一步,"投资新生产线/变卖生产线/生产线转产"。根据计划买卖生产线,必要时进行生产线转产。

第十二步,"开始下一步生产"。生产总监根据产品需求搭配原材料,向财务要每个产品的生产费用,然后把半成品放在闲置的生产线上。

第十三步,"更新应收款"。应收款向现金库方向推进一期,到期应收款入现金库。

第十四步,"出售厂房"。根据计划决定是否出售厂房,若出售,得到 4 账期的应收账款。

第十五步,"按订单交货"。清查在库的产成品,如符合订单要求则可到客户处交货,所得货款放在相应的应收账款处,若为现金订单,销售所得现金直接放现金处。

第十六步,"产品研发"。根据年度计划投入各项产品的研发资金。

第十七步,"支付管理费用"。每期支付 1M 行政管理费。

第十八步,"现金收入合计"。统计本期现金收入总额。

第十九步,"现金支出合计"。统计本期现金支出总额。

第二十步,"期末现金盘点"。用期初数加上现金收入再减去现金支出得到数字填在这里,然后对照台面,对比账面数与台面现金数,如不符,倒推回去,检查错误。

至此一个季度的工作基本完成。之后进入第二个季度。第二和第三季度重复上面第五至第二十步。但到第四季度后,除了要运作之前的第五至第二十步以外还要增加一些新的步骤。

第二十一步,"支付利息/更新长期贷款/申请长期贷款"。有长期贷款则要先支付利息,然后更新已有的长期贷款。如果需要再借,也在这步完成。和短贷一样先还后贷。不能用新贷款还旧贷款。

第二十二步,"支付设备维护费用"。每条生产线支付1M维护费。在建和本年变卖的生产线不需要支付维护费。

第二十三步,"支付租金,购买厂房"。厂房租赁,须支付租金,自有厂房则不需缴纳租金。

第二十四步,"计提折旧"。厂房、在建工程及当年新建生产线不计提折旧,其余生产线按规则提取折旧费。

第二十五步,"新市场的开拓,ISO资格的认证"。根据年度计划投入各项市场开拓、ISO认证资金。

第二十六步,结账。

以上六步就是年末需要完成的工作,也是第四季度和其他季度的区别。

这就是一年的基本运作。在初始年里同学们只要跟着老师完成每一步就可以。接着在年末老师会带领同学们填完资产负债表,即给出当次实验的初始状态。

2.2 从感性认识到理性实践

上一节中,介绍了初始年的运作,同学们只是熟悉了实训课程的基本流程,然而这只是一个感性的认识,对实训本质尚未完全了解。在完成起始年的经营后,根据得到的初始状态,同学们将要自助完成接下来六年的经营,把以前所有学过的知识全部运用到这个实验中,要做到从感性认识上升到理性认知。

下面以北京化工大学第三届参赛同学北京赛区的比赛为例,呈现运营具体流程。

2.2.1 第一年流程

当我们明确初始状态后,立刻召开第一年的年度会议,主要讨论四个问题。①最需要解决的就是广告费的问题,因为经验不足、思维简单,我们主观地认为总有公司会比我们付出更多的广告费,而广告费又算在综合费用里,直接影响当年的所有者权益,所以我们决定第一年只投入1M的广告费用。②第一年的战略问题,即怎么搭配产品和生产线。熟悉规则后发现,当第二期上全自动生产线时,在第二年第一期完成安装,这样可以节省维护费用和折旧费用。在开始的几年中,这么做是很有用处的,可以尽可能减少权益的损失。③产品的最初搭配为P2和P3,在有能力的情况下开发P4。④四个市场全部开发。

确立好初步的战略后,市场总监提交广告费登记单,财务总监在裁判统计广告费的同时开始做本年度的预算,初步计算本年现金收支状况,以及出现现金缺口的时点,按年度计划运营后权益会降到多少等。当这些工作运行的时候,选单工作同时开始,CEO和市场总监负责选订单,选取有利于现金周转的订单以保证资金链通畅。

在支付完应付税金后,开始自己经营,减去广告费用进行年初的现金盘点。在确定运营表上的现金数和台面上的现金数目吻合后,不要急于开始操作,而是把全年的现金支出和收入情况作个简单的运算。例如,在第几期申请短贷,在第几期投资生产线,在第几期开始研发新产品,然后做出草表。之后的运作就参照草表的数据进行运营便可。

这样一步步下来,生产、研发、交货会变得井然有序。

年末,我们又针对长期贷款进行了讨论。有的成员建议贷满长贷,因为所有者权益的下降,将影响次年贷款额度。另外一些成员认为应该第二年贷款。这是因为长贷的期限为五年,比赛经营年为六年,比赛结束前不需偿还第二年所借贷款。两种看法都有道理,所以我们进行了第二年和第三年的预算,发现在前两年中不会出现困难,财务状况足以支持完成前两年的经营运作,而困难期出现在第三年,故采取了第二种方案。

在第一年中,我们做得最多的就是预算,安排下一期的各项工作,通过运营更进一步熟悉规则的每项内容。第一年经营过程中暴露的问题较少,每个小组都有能力应对。关键是要打好基础,这是决定以后胜负的关键。

2.2.2 第二年流程

第二年,不同于第一年,小组需要面对更复杂的经营环境。这是因为第二年开始有了新的市场、新的产品,而各企业也有了规模差异,生产线的多少、资金的多少、所有者权益的多少,都有了比较明显的差别。怎样做好第二年的运营也比较关键,一个小环节的差错会造成很大的影响,甚至导致破产。

在这一年,面对比第一年更复杂的市场环境,我们对需求量进行预测后,决定在这一年开始进行扩张,即上新的生产线,同时配合新产品的研发。例如,P3产品研发的周期为六期,全自动生产线的安装周期为三期,所以在研发三期P3后,开始投资新生产线,保证生产线与产品研发周期匹配,同时投入生产。这样既不用其他生产线转产,也不会出现研发好产品而无生产线的尴尬局面。

第二年,市场总监开始有规律地纪录每一订单的情况,以确定市场预测是否准确,却发现了意外的收获。我们掌握了其他组的收入,加上间谍时间所记录回来的数据,就能清楚地知道其他组的各项经营情况,知己知彼方能百战百胜。根据这些数据,我们重新制定了战略,新的搭配方案在这一年形成。我们与其他的小组共同争夺市场份额,通过产品的搭配和生产线的安装,可以很轻松地分析出我们更有竞争力的地方,进而更科学有序地安排小组的常规运营。

在第二年里我们要做的就是,完成自己的计划,同时根据对手的情况来完善已定战略,越早发现自己的竞争优势就越能把握好比赛的进程。

总而言之,在前两年的运营中,我们要考虑的不仅仅是怎么完成表格的填写和台面的摆放,更多的是要考虑如何才能在竞争如此激烈的比赛中取得好成绩。这就是从感性认知到理性认知的升华。

2.3　全面预算

完成两年的运营之后,基本的情况已经定型,较弱的小组也会在这时显现出来,所以可以在这时确立自己强有力的竞争对手,针对对手来发展自己的企业。同学们在第三年以至以后的运营中,要保持全面的预算。

全面预算过程,看似很简单,其实很复杂。它包括资金的有效利用,要每1M都用到它应该花费的地方,同时要做到所有者权益在花费资金的时候不能减少太多,这就要求财务总监做到在年初拿到订单后就能算出本年结束后的情况。采购总监在这阶段任务最为艰巨,因为资金的短缺,要求采购总监做到无任何库存,且不能出现任何一次停产的情况,所以生产总监要配合采购总监算清每一期原材料所需情况。生产总监要明确每期有几个产品下线,库内存货为多少,每种产品在每期有几个,怎样安排生产能最快地交货。市场总监要知道每个订单的情况如何,本次盈利是多少,和其他小组的比较如何。CEO则开始严格按步骤进行操作,同时作另一份财务表,以免大家忙中出错。

所以在全面预算的这几年里,所有人注意力高度集中,因为计算数据较大,任务较重,时间又较少,考验我们的不仅是个人能力,更重要的就是全队的配合。

2.4　流程小结

通过学习本章,同学们应该清楚沙盘的流程和在流程中每个人的角色,希望这些对刚接触沙盘的新同学来说能有所帮助。流程很重要,然而在众多的比赛和实验中发现很多同学不注重步骤,由此会产生很多报表错误,但又不知道错误是出在什么地方的。究其原因是同学们在过程中做得不细致,耽误时间影响心情所致。在实验中,完成每一个步骤都有相应的要求,CEO要在每一个完成的步骤格子里画钩,财务总监则在发生资金运转的格子里填写相应的数值。所以在每做一步之前要想好这步带来的结果是什么,要谨慎不要太草率。CEO打钩很简单,但步骤意义却不止此。

本章重点在于如何去做,但怎样做得更好将在下一章里讲到。

第3章 提高篇

3.1 战略板块

　　总体来说，公司战略就是规划公司目标以及为达到这一目标所需资源的获得、使用和处理的方略。它是企业为了适应未来环境的变化、寻求长期生存和稳定发展而制定的总体性和长远性的谋略。企业要想发展、扩大规模、扩大产能必须通过固定资产投资来实现。要尽可能满足销售计划，并达到预计的产能规模，就要考虑生产线和厂房的获得等问题；还要做好财务规划，保证企业有足够的现金支持，不能引起现金链断裂；要把人员分工、市场预测、产品研发、设备更新、生产线改良和企业战略结合起来，以便更好地实现组织目标。

　　沙盘模拟过程中，往往会出现这样的情况，在进行战略讨论时，同学们经过一番激烈地争辩之后，所谓的"战略规划"最终总是演变成了第一年打多少广告费的争论，这样是不可取的。同学们在模拟运营前，就应该做一个整体的而不是片面的战略运营规划，如图3.1所示。它应该包括市场预测分析、财务预算、生产计划、采购计划、融资计划（包括长期贷款和短期贷款）以及市场计划等。此外，在模拟运营过程中，更应当及时完成"间谍工作"，进行竞争对手分析。即一方面要从产品研发、市场开拓、对手产品种类、生产线状态、最大产能、资金状况等问题进行分析；另一方面，也要对竞争对手个性、表现、风格等进行分析。

　　只有具备全局观的战略思想，才能保证在比赛中稳步前进，遇乱不慌。

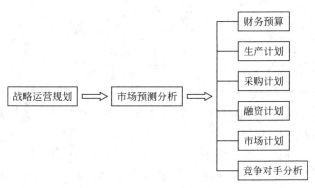

图 3.1　战略运营规划

1. 如何进行市场预测分析？

　　市场预测是整个战略计划的关键所在，正确分析市场容量、市场需求导向、市场盈利空间等问题，才能正确指导同学们完成生产排程、融资方式、广告计划、财务分析等。可以说，市场预测是一切 ERP 沙盘的运作前提。

分析市场预测时，第一步要做的是将见到的"市场预测图"数字化。以本地市场为例，如图 3.2 所示。

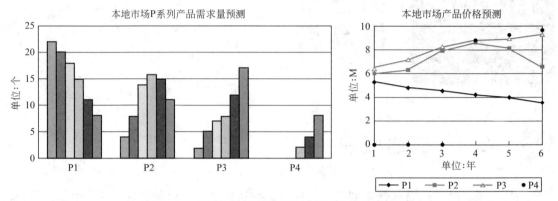

图 3.2　本地市场 P 系列产品需求量和价格预测图

经数字化处理后，可得表 3.1 和表 3.2 所示的内容。

表 3.1　本地市场 P 系列产品需求量表　　　　　　　　　　单位：个

项　目	第一年	第二年	第三年	第四年	第五年	第六年	合计
P1	22	20	18	15	11	8	94
P2	4	8	14	16	15	11	68
P3	2	5	7	8	12	17	51
P4	0	0	0	2	4	8	14

表 3.2　本地市场 P 系列产品价格表　　　　　　　　　　单位：M

项　目	第一年	第二年	第三年	第四年	第五年	第六年	平均值
P1	5.3	4.9	4.6	4.3	4.0	3.6	4.5
P2	6.0	6.3	8.0	8.7	8.2	6.5	7.3
P3	6.5	7.2	8.3	8.8	9.0	9.4	8.2
P4	0.0	0.0	0.0	9.0	9.3	9.6	9.3

第二步，根据已经列出的一系列数据，可以从表中分析出如下关键点。

(1) 市场需要何种产品组合，数量各是多少？

本例中，从表 3.1 可见，市场对 P1、P2、P3、P4 的需求量有不同的变化趋势。P1 在第一年和第二年需求量较高，P2 从第三年开始逐渐达到销售高峰，P3 在最后两年销售量攀升，P4 产品市场需求量少，并且前三年没有市场。根据以上数据可以初步判断 P1、P2、P3 可以作为主打产品生产，并且不同年份产量各有侧重，P4 产品可以少量生产。

(2) 从第几年开始需求新产品，第几年产品需求量最高？

从表 3.1 可以分析出以下几点。①虽然 P2、P3 产品在第一年也有市场需求，但是由于存在研发周期等因素，第一年的市场需求为无效需求；②P2、P3 的销售高峰不同，P2 产品可以第一年就开始研发，第二年即可少量销售，且能赶上第三、第四年的销售高峰，大量销售 P2 产品；③P4 产品在前三年没有市场需求，因此，P4 产品如果需要研发，其研发时间可以推迟，只要保证第四年能够生产即可。

(3) 哪种产品的销售价格最高，哪种产品的毛利最大？

从表 3.2 中可见，①P2 的销售价格与它的销售高峰期一致，在第三年和第四年也同样达到了销售价格最高，即毛利最大；②虽然在第四年开始 P4 产品有市场，销售价格却与 P3 相差无几，可是 P4 产品的成本较 P3 大，导致 P4 实际利润较低。

(4) 市场是否需要特殊认证，如 ISO 9000 或 ISO 14000？

从本地市场无法看出特殊认证的问题，但是如果后几个市场对 ISO 要求较高，则需要考虑从哪一年开始开发认证比较恰当。

在不同市场回答以上几个关键问题，即是对市场进行了比较全面的分析。这样分析完成后，同学们基本可以确定哪些市场需要开发，何时开发才能够赶上销售高峰以及 ISO 是否需要认证等问题，完成上述市场预测分析有助于我们完成接下来的生产、融资、广告计划等。

2. 如何完成生产计划和采购计划？

生产计划的安排基于正确的市场预测分析。根据市场状况选择生产 P1、P2、P3、P4 何种产品，选择何种类型的生产线，如何分配生产线，是否可生产出足够多的符合市场需求的产品等，都应当在战略运营规划时分析到位。

生产计划分析需要注意以下几个关键点。

(1) 采用何种产品组合：是 P1、P2、P3、P4 全部生产，还是放弃某种产品而集中争夺更有利润空间的某种产品？

同样以表 3.1 和表 3.2 为例，①由于 P2、P3 产品销售前景较好，可以以 P1、P2、P3 作为市场销售的主打产品。②而针对 P4 产品，可以简单进行成本核算，如研发 P4 需要 18M，安排一条全自动生产线生产 P4 需要 16M，共计 34M 的初期成本投入。这样需要销售 8 个 P4 才能收回 34.4M（以 9.3M 平均售价计算）的成本投入，而最后三年整个市场一共只有 14 个产品的销售空间，如果想有 8 个销量，需要大量广告费投入。经过上面分析，可以基本放弃 P4 生产。

(2) 生产线如何安排，包括手工、半自动、全自动、柔性各需几条，分别生产何种产品？

①由于放弃 P4 生产，因此不需要 P4 生产线。②为了赶上第三年的销售高峰，可以在第一年安装上两条 P2 全自动生产线，第二年开始又可继续上全自动生产线生产 P3 产品，具体情况视财务状况而定。

(3) 不同的生产组合各需资金（包括原材料费、研发费、生产费用等）为多少？

以两条全自动生产线生产 P2，一条全自动生产线生产 P3 为例，研发 P2、P3 需要研发费 6M 和 12M，生产线需要 16M×3＝48M，生产线维修费 1M×3＝3M，一条生产线生产 P2、P3 需要原材料费分别为 8M 和 12M，生产费用都为 4M，总计一年花费 40M（8×2+12+4×3＝40）生产 P2、P3 产品，资金支出为 109M（40+6+12+48+3＝109）。

(4) 生产线建成后的最大产量是多少？

同样以两条全自动生产线生产 P2，一条全自动生产线生产 P3 为例，一年可产 P2 产品 8 个，P3 产品 4 个。

将上述问题分析，归纳在如表 3.3 所示生产计划表中。

表 3.3　第二年生产计划表　　　　　　　　单位：个

生产线类型	Q1	Q2	Q3	Q4	总计
全自动	1	1	1	1	4P2
P2					
全自动	1	1	1	1	4P2
P2					
全自动	1	1	1	1	4P3
P3					

注：若第 1 季度新投产，则每年能完成的产品数量相应减去 1 个。

经过这样仔细的数据分析，可以清楚地看到生产总监所需要的全部数据。此表还可为采购和财务预算提供不同时期点的具体数据。

采购计划毋庸多说，是配合生产计划自然产生。但值得注意的两点是：
① R3、R4 两种原材料需一个季度的在途时间，应较生产时间提前两期预定；
② 若存在柔性生产线，由于产品类型不定，采购原材料时应计算全面。

3. 如何进行财务分析和融资计划？

财务分析：同学们往往在遇到财务状况出现窘境，即没钱可用、资金断流的时候才开始思考解决办法，而没有整体的规划和预算，这样往往会造成前期资金不能充分利用或资金浪费，后期资金断流不够用等问题。因此，在战略规划中，就应当有财务预算的思想，保证资金尽其用，并且不出现资金断流的现象，这是财务预算的基本要求。

融资计划：面对不同的生产计划，何种贷款能够满足资金需求，何时贷款是最佳时期，如何保证利息支付最少而又能使现金不断流等，都是融资计划里应该考虑的问题。

根据不同的市场和计划安排，应考虑全面融资手段和恰当的融资时间。资金来源包括：当前现金数量、年末可贷的长期贷款、各季度可贷的短期贷款、各季度可回收的应收账款等。此外，还应注意是否需要高利贷或应收账款贴现。

4. 如何完成最终广告费的确定？如何选择合适的订单？

在完成以上各项战略计划分析后，才可以确定市场部最终广告费和市场订单的选择。

经过财务分析，市场总监使用广告费的宗旨为：运用最少的资金，合理安排广告费在各个市场的分配，尽可能多的销售产品。当然也可根据不同的营销目的，完成广告费的分配。①若想成为某个市场的市场老大，可以集中在一个市场多投广告费，多销售产品；②若要最大可能地销售库存产品，可分散投资，在每个市场都销售产品；③若想获得更多的毛利，可选择市场价格高的市场，多投广告费，尽量拿到毛利大的订单。

市场总监除了完成合理的广告费分配外，还应该根据不同的财务需求选择销售订单，具体分析如下：
① 数量大的订单能够销售库存产品，保证资金回流；
② 价格高的订单，毛利大，对提高所有者权益贡献大；
③ 应收账期短的订单，有利于资金快速回流，缓解现金压力。

因此，在打广告选择订单时，应当根据当时财务状况，若现金紧张，应首选账期短的订单；若需要提高所有者权益，以便更多的贷款，则应优先选择价格高的订单；而在资金不紧张、对所有者权益影响不大的情况下，则应以最大销售量为选单前提。

5. 怎样给相关的职位分配任务？

一项工作是为了达到特定的组织目标而必须完成的若干任务的组合。工作分析是确定完成各项工作所需要的技能、责任和知识的系统过程，能够提供关于工作本身的内容、要求以及相关的信息。通过工作分析，可以确定这项工作的任务和性质，所有这些信息，都可以通过工作分析的结果——职位说明书来进行描述，主要内容包括职位基本信息、工作目标与职责、工作内容、工作的实践特征、工作完成结果预计、建议考核标准、教育背景、工作经历、专业技能、证书与其他能力。

ERP沙盘模拟中的五个职务，包括首席执行官、财务总监、采购总监、销售总监和生产总监，其主要职责已在第一章有所描述，这里不再赘述。

分配好相关职位的任务，使各职员分工明确、各司其职，这是做好整个实战的必要条件，在模拟运营中，按其所涉及的内容可划分为以下三个阶段。

第一阶段：赛前准备阶段。

① 各职位研究与自己相关的规则，找出规则的变动，分析它可能产生的影响；

② 各职位准备好运营中需要用的各种资料，如间谍统计表、采购订单表等；

③ 将市场需求预测表转换成更易读懂的Excle电子表，分析和研究市场，分别制定几种可行的战略；

④ 做好全面的财务预算，确定好与战略相一致的长短期贷款数额。

第二阶段：实战演练阶段。

在流程中各职位首先要做好本职工作，监督好现金流的变动情况，并提供给财务总监，用以编制资金预算表、资产负债表和利润表等；然后还要考虑其他相关职位的情况，特别是现金情况。

第三阶段：间谍统计阶段。

CEO负责相关财务数据的统计；市场总监负责统计无形资产（各产品研发、市场开拓及ISO认证）的投资情况；采购总监和生产总监负责各小组各产品产能的统计；财务总监监督好本组的盘面。

6. 做好间谍有哪些好处？

俗话说："知己知彼，百战不殆。"对一个企业来说，做好间谍工作就是"知彼"。波特竞争五模型之一——同行业竞争对手的分析，如图3.3所示，也揭示了同样的道理。不管在任何一个行业，最直接最突出的竞争对手就是同行业竞争者。一旦确定了自己的首要竞争对手，就需要辨别竞争对手的特点，分析他们的战略、目标、优势与劣势，以及反应模式。

做好间谍有以下三点有利之处：①统计出竞争对手的基础资料，有利于了解、分析和研究竞争对手，注重主要对手，适当关注对手；②统计出竞争对手各种产品的产量、市场开拓及ISO的认证情况，有利于了解竞争对手的投资策略、发展思路和发展潜力；③对竞争对手各方面的分析，有利于本企业更有针对性地进行投资、生产、开拓、认证及销售决策。例如，在制定广告策略时，根据竞争对手的产能，可分析出整个市场的供给情况，根据市场供

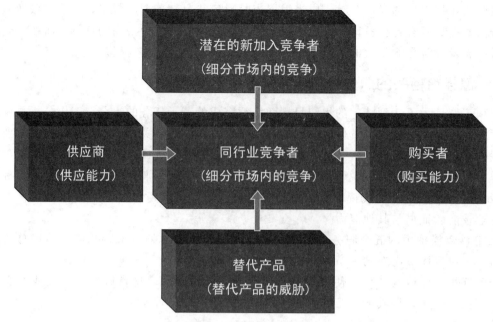

图 3.3　波特竞争五模型

求状况，选择有利于本企业的市场多投放广告费，以便销售更多的产品。这样，一方面节约了费用，另一方面又能拿到价格较高的订单。

7. 如何做好间谍？

由以上分析可知，间谍工作可以给本企业带来诸多好处，那么接下来的问题就是如何做好间谍了。

第一步，竞争对手的数据统计。

一般来讲，制作一张全面具体的间谍表是一个好方法。表3.4是一个间谍表实例，以一个小组为例。

CEO负责相关财务数据的统计，统筹好各小组现金、往来款项（应收账款）及银行的长短期借贷情况；市场总监负责统计各产品研发、市场开拓及ISO认证情况；采购总监和生产总监负责各小组各产品产能的计算，统计出各产品的供给量和所有产品的总供给量；财务总监留守盘面，一方面不让其他间谍人员随意更改本组的盘面，另一方面保持清醒头脑，为即将迎来的预算做好准备。

各成员分工收集其他对手盘面信息，最终汇总，便于统一分析。

第二步，通过分析统计资料，分析和研究竞争对手。

首先，企业可以了解竞争对手的主打产品、非主打产品及其产能，然后依据竞争对手的市场开发、ISO认证情况，初步分析出竞争对手的发展方向，即竞争对手的战略，这样就可以做到有的放矢，用尽可能少的广告费用拿到尽可能多的订单。其次，根据竞争对手、应收账款的数量和期限以及现金状况，分析出竞争对手的财务状况是否良好，是否有发生现金断流的危险。再者，根据竞争对手的厂房设备状况可以知道公司的产能状况和发展潜力，有助于本公司调整自己的发展战略。最后，根据竞争对手的原材料的订单情况，可以大致推算出竞争对手接下来要生产哪些产品，有助于调整本公司的生产计划。

表 3.4　间谍表

小组		A					
年份		第1年	第2年	第3年	第4年	第5年	第6年
生产线	手工						
	半自动						
	全自动						
	柔性						
产品	P1						
	P2						
	P3						
	P4						
原材料	R1						
	R2						
	R3						
	R4						
市场开拓	本地市场						
	区域市场						
	国内市场						
	亚洲市场						
	国际市场						
ISO	9000						
	14000						
现金							
贷款	长贷						
	短贷						
	高利贷						
应收账款(账期)							

8. 各年短期决策有哪些侧重点？

基于以上的整体战略规划，在模拟运营过程中，针对不同时期，每一年还应该有短期决策的侧重点。

第一年：企业的起步阶段，主要注重企业资产的投资（包括厂房、生产线、市场开拓、产品研发、ISO 认证等）、权益的控制及长短期贷款的融资等；

第二年：企业的初期扩张阶段继续追加各项投资，与第一年相似。

第三年：生死存亡的一年，在这一年中首先要特别注意现金流不能发生断流，各项投资一定要做好预算；其次要注意控制权益，一定不能降为负值，如果有降为负的风险则要削减费用，比如产品研发，市场开拓，ISO 认证等。

第四年：熬过第三年就迎来了黎明，资金压力稍缓，此时重点应放在生产线扩张上，为后两年销售腾飞打好基础，但也应适当注意控制费用。

第五年：继续扩张，逐鹿市场。

第六年：产品的全部销售及规则的巧用。

 9. 遇到什么样的市场该买厂房，遇到什么样的市场不该买厂房？

要根据进入这个行业以后的市场发展状况进行分析。假如市场预测显示中后期市场产品需求量很大，本企业生产能力充分提升后产品仍能全部售出，则应该选择购买厂房，以求迅速扩张，增加市场份额，提高行业地位。倘若市场预测显示中后期市场衰退，需求量较小，各企业可能会因为订单数量稀缺导致激烈竞争，此种情况下就尽量不要购买厂房，节省各项费用，使企业能够在恶劣的市场条件下生存下去，能够有更多的资金用于竞争。

遇到市场需求比较小、毛利率较低的市场一般购买厂房。如果租用，虽然可用购买厂房的资金进行投资，但由于资金成本较高、投资后扣除各项费用后的回报很难高于支付的租金，同时还承担了较大的风险；相反，在遇到市场需求比较旺盛、毛利率较高的市场，一般采用租用厂房，用要购买厂房的资金进行投资。在这样的条件下，投资回报将大于租金，从而为企业增加利润。

另外，其他竞争对手的实力也会对市场情况有所影响，对手实力较弱，留给自己企业的市场份额较大就可以适度扩张，倘若实力雄厚的对手较多就要谨慎行事了。

 10. 怎么样选择产品的研发？

产品研发是企业整个战略中最为重要最为关键的部分，好的产品组合能使企业由高成本低利润率的生产平稳过渡到低成本高利润率的生产，决定着整个企业的生命。模拟运营需要进行研发的产品一般为三种（P2、P3、P4），但有时 P1 也需要研发（企业没有初始状态，只有给一定的资金，完全由经营者负责新建公司的经营）。一般来说，P1 和 P2 都需要研发，并且都是第一年完成研发，第二年开始就能进行生产，P3 和 P4 的研发是策略的重点，决策时除了依据市场需求、财务状况及生产线的投资选择产品及时机进行研发外，还应考虑产品的成本回收期和产品生命周期等因素。并不是两种产品都得研发，有时只需要研发其中的一种产品。在选择了其中的一种产品研发后，再决策第二种产品是否研发时，应该考虑该产品研发后是否会增加企业的利润，如果不能，看其替代品销售增加的回报是否能弥补该产品的研发及各项相关费用的支出；如果能提高利润，应将增加的销售带来的回报与成本对比、权衡，有利则研发，无利不研发。该回报包括增加的利润、广告费的节约及更易争抢市场老大的好处等；相关成本费用包括产品研发费用、折旧费用、维护费用以及在研发过程中所发生的各种借款的利息费用之和。

决定产品选择、进行产品研发的市场预测，企业要选定一款产品作为自己刚进入市场的基础，这个产品就是 P1，每个队伍第一年都在抢它的订单，这无需多言。

企业还要选择一款产品作为自己后期的主要利润来源，这款产品首先利润要高、市场需求量要大，其次价格要稳定，市场需求不能大起大落，这款产品根据市场预测表决定，一般是 P3 或者 P4，有的比赛中 P4 如同鸡肋（例如 06 年北京赛区决赛，其单位产品的毛利与 P3 基本相同，但研发费用和直接生产成本要比 P3 高很多），而有的比赛中 P4 就是香饽饽。

但是 P1 的价格太低，P3、P4 的研发费用及生产成本又太高，从 P1 直接过渡到 P3 或 P4 企业运营势必会很艰难，甚至有破产的危险，因此在低端产品和高端产品之间我们应该选出一款中端产品作为过渡，P2 或 P3 就是这样的产品。

一般来说，一个比较成功的企业的产品组合可能是 P1、P2、P3、P1、P2、P4 或 P1、

P3、P4，少数情况是全部研发，但这些组合并不绝对，大家可以根据实际情况灵活选择，灵活应对突发情况，变通创新才是制胜法宝。

 11. 第六年该怎样利用规则，才能加到更多的分？第六年必须做的事和无需做的事分别是哪些？

比赛最终分数的计算方法一般是：总分＝所有者权益×(1＋权益乘数)。最终年的目标自然是最大限度地提升总分，要提升总分就要提升所有者权益和权益乘数，所有者权益一般到第六年可认为刻意提升的限度不大，但权益乘数却可能会有很大空间，比如买回大、小厂房，争夺一个市场老大，在车间空余位置突击上生产线等。

例如 2006 年 8 月份南昌决赛北京化工大学的参赛队在第六年的时候借高利贷买了小厂房，突击铺设了四条手工生产线并有上线产品（当次比赛规定最终年新建的生产线没有上线产品的不计入加分项），但其他六条生产线最后一季度不再有产品上线，最后虽然因高利贷扣掉 40 分，但用高利贷买小厂房，铺设生产线最终带来的加分远远大于 40 分。

另外，未到期的长期贷款是可以不还的。但是要交利息，而利息直接记在财务费用里。财务成本一定要控制好，不能让它吞噬掉利润。

在实际比赛中，同学们应根据自己企业的实际情况以及比赛规则灵活处理，以求分数最大化。尽量减少不必要的失分，比如无需订购第四季度的原材料，无需完成在制品的生产及第四季度的生产；如果投资的生产线不能生产出一个产品就变卖，不需要进行该生产线的投资等。

 12. 财务总监向来是保守的，市场总监天生是激进派，决策者该怎样权衡？

在很多参赛队伍中财务总监是最不喜欢大把大把的货币被拿出现金库的，在队伍中每当市场总监、生产总监以及采购总监从财务那里要钱时，财务总监总是不乐意，但应收账款到期收现的时候最高兴的就是他，总希望货币在不冒险的情况下转向使它增值的地方，财务总监的这种保守性格是财富本身特性的自然流露，无可厚非。

而市场总监则正好相反，正如市场竞争所要求的那样，市场总监必须是一个勇于冒险、敢打敢拼的人，唯有这种人才可能在市场竞争中叱咤风云，他们信奉："收益总是和风险成正比的！"

企业作决策的时候，总会有保守派和激进派，财务总监和市场总监往往是这两派的代表人物，激进派要多投广告费、多上生产线、多研发产品、多开发市场……而保守派则总是抱怨现金不足、权益过低、现金流即将断裂……

首席执行官作为团队的核心应该对企业的现状有一个清醒的认识，对于财务总监的种种忧虑，首席执行官要认识到哪些是当前需要考虑的，哪些是后几年要注意的。在财务总监有可能夸大的财务底线下，首席执行官应有一条更精确的企业生死线，因为企业平常状态下的经营会在财务总监的底线之上，但有的时候企业会需要进行破釜沉舟的一搏，这时候心中有一条生死底线的首席执行官会更好地把握冒险的尺度。

对于宏观市场环境，首席执行官也要心如明镜，了解市场环境变化的趋势以及国家政策的影响，市场机会稍纵即逝，适当的冒险是有非常必要的，任何企业的经营都是有风险的，没有风险哪里来的丰厚的回报。但做企业也要会规避风险，哪些风险值得，哪些不值得，怎样能以最小的风险取得最大的回报，首席执行官乃至每位队员心里都应当反复权衡。比如第一年用20M以上的广告费抢第一单，这个风险可能就不太值得，但中期大量贴现来上生产线这个财务风险就可能比较值得，但也还是要掌握好分寸。权衡利弊终归根到底是要把握一个度。

财务总监和市场总监的矛盾也许是天生的，但对于ERP沙盘来说，这种矛盾就缓和得多了，由于大家只有共同目标，没有相互利益的冲突，个人的价值体现都是依靠团队目标的达成，因此双方很容易协调。同时，其他各职位也都懂市场和财务，在市场做好初步的广告规划后，都可以提出新的思想并加以改进，争取用最少的广告费拿到最好的订单；同样，财务会在确保不断流的情况下尽量地支持市场，因为财务的资金来源都是靠市场的销售来实现。因此，双方为了共同的目标能够协调一致。

3.2　财务板块

财务管理的目标是企业价值最大化，整个财务运作的过程都是围绕这一核心目标展开的。其中，筹资管理是财务管理的核心问题之一，公司筹资就是根据其对资金的需求状况，通过各种筹资渠道、采用一定的筹资方式筹措公司生存和发展所必需资金的行为。在制订筹资计划时，应当注意债务期限的配比问题，做好长短期资金的匹配。厂房和生产线的投资要根据具体情况具体对待。订单的选择、生产的计划以及现金流和费用的控制，都要以企业价值最大化为目标，每年运营结束前，对利润表、资产负债表、现金流量表都要进行准确的核查。

 1. 财务预算有哪些好处？

财务预算是整个沙盘模拟过程中很重要的工作。财务预算最大的好处就在于使企业在运营中现金流的收支处于掌控之中。广告费的投入，生产线的投产，新产品的开发，原材料的购买等一切都离不开现金。因此，对于现金问题应该一开始就做一个精细全面的预算。否则，企业会面临资金链断裂、成本加大、其他经营环节受牵连，甚至破产的险境。

财务预算的好处主要表现在以下几个方面。

首先，预算可以预测未来时期企业对到期债务的直接偿付能力。在模拟的过程中，如果财务总监能在每年年初做出相应的预算，则能提前预测资金短缺的时点，进而在现金流出现缺口之前安排筹资，从而避免在长短期借款到期时，因无法偿还而要通过贴现、"拆东墙补西墙"或在高利率条件下举借新的债务等其他方式渡过难关；财务预算也可以避免企业以后因融资困难而导致企业其他经营环节受到牵连。

第二，财务预算的编制有利于企业及时调整运营计划，便于强化内部控制。在每年年初的工作会议上，团队成员在CEO的带领下都要做出本年的年度经营计算，一旦全年计划制订之后，财务主管就要对这个计划的现金流是否可行做出预算。如果发现某个经营时点将会出现现金短缺，那么这个计划就是不可行的，即需要调整工作计划。只有当全年的计划在执行的每一步中都不会出现资金断流时，这个计划才堪称是可行的。

另外，财务预算的编制能够达到加强团队协作的目的。由于财务预算的编制是以销售预算、采购预算、生产预算、研发预算等各项经营预算为基础的，所以在每年年初的时候，财务总监应当从其他团队成员那里获得相应的预测数据。通过团队成员之间的沟通交流，可以避免因责任不清而造成的职责上的相互推诿事情的发生。

两军交战"妙算"者胜，财务预算是沙盘模拟的最重要的工具，做财务预算就是"妙算"，做了财务预算就不会运营到中途出现现金不足的突发事件。第一，可以知道各季度需要的借贷额，以此进行贷款；第二，可以减少对流动资金的需要，节约财务费用；第三，可以避免停产和断流等情况；第四，可以全面了解企业的财务情况，做出与财务相一致的投资决策。

2. 企业该怎样做好长期融资？

长期融资主要是用于企业的固定资产、无形资产投资，即回收期限比较长的投资，企业进行的长期贷款应该满足这些长期投资的需要。

沙盘演练中，当公司需要资金时，可以向银行申请长期贷款。长期贷款的额度取决于本公司上年末所有者权益的多少，如果公司新申请的长期贷款金额加现有长期贷款余额小于或等于上年末所有者权益的两倍，则银行批准该申请。每个公司只有在每年末有一次申请长贷的机会。

关于长期资金的应用问题，在实际比赛中，可以有两种选择，第一种可以叫作保守型，这种观点认为在第一年年末应当适度贷款，数量上够第二年的年初经营就行，而不必将所有者权益规定的额度全部贷满。如果贷满，就将面对今后5年，每年12M的"巨额"利息费用流出问题，以及最后一年的巨大还款压力（80M），从而直接造成所有者权益大幅下降。保守型还认为应当在第二年年末的时候根据当时的形势再借长贷，并且有效控制其金额，或者理性地选择借短贷和贴现，这样就不会造成今后5年，年年为银行打工的惨痛结果。另一种可以称之为激进型，此观点认为，第一年就应该将所有者权益范围内的长贷全部贷满，以备今后几年的现金流流出。根据以往参赛经验来看，后一种观点更值得认同，即在第一年年末将所有者权益范围的长贷全部贷满，这样做是有充分理由的。首先，长期资金的主要目的是投资生产线，扩大产能，而在沙盘比赛里，要取得决定性的胜利，扩大产能是必要的。如果在第一年不借入长贷，那么第二年内产能的扩大就要靠短期资金的支持，这在财务上是致命的。另一方面，为了第二年借长贷，势必会限制第一年生产线的投资，以避免所有者权益的大幅下降，导致第二年无法借款，那么保守型的组就等于比激进型的组晚起步一年，即投资晚开始一年，那么产能上势必无法与激进型的组相比，自然也就会影响到市场拿单，进而影响销售收入。至于保守型顾虑的每年12M"巨额"利息的问题，实际操作时发现：由于产能增大所带来的销售收入的增加，使得利息的偿还完全不具有风险。只要公司在以后年度内不出现重大经营失误，第六年末的还款，是能够轻松实现的。

3. 怎样做好短期融资？

短期融资主要是为满足流动资产投资和企业日常经营的需要，企业每一季度进行短期贷款后的自有现金流都需满足本季度的日常经营和下一季度的还贷。

沙盘演练中，当公司需要资金时，可以向银行申请短期贷款。短期贷款的额度也取决于本公司上年末所有者权益的多少，如果公司新申请的短期贷款金额加现有短期贷款余额小于或等于上年末所有者权益的两倍，则银行批准该申请。每个公司在每年有四次申请短贷的机会，按照运营表的项目，应该在每季度季初现金盘点之后。如果企业在第一季度申请短贷，则要在下一年的第一季度还本付息。和长贷一样，短贷也是只能先还后借，即还款后，如果所有者权益允许,则还可续借短贷。

对于短贷而言,采取的策略就是充分利用短贷的灵活性,不多贷短贷,够用即可。因为短贷就是为弥补企业流动资金不足而设的,除非有次年权益下降导致实际贷款额超出界限等紧急情况出现,否则不要贷多。那么何谓"够用"?即每季的季初现金加上本期短贷资金应当能够维持到更新应收款之前的支出,而更新应收款之后,季末的现金应当够归还下季季初要还的短贷本息。若余额不够下季运营,还可再贷。另外短贷的申请应当根据企业资金的需要,分期短贷,不要挤在一个季度,这样可以减轻企业的还款压力。

4. 怎样灵活地利用短期贷款?

首先,对企业年内各个季度的现金收支项目做出预算,根据需要将贷款数额分散,这样就减轻了企业下一年各季度的还贷压力;其次,贷额以满足企业的日常经营需要为度,不需要多贷,当然更不能少贷,既满足了企业的需要也节约了财务费用。

5. 长期融资和短期融资的优缺点,该怎样利用?

筹资是为了维持企业的正常运营,因此,筹资的目的在于最大限度地满足公司发展的需要。在沙盘实训中有两种筹资方式,即长期贷款和短期贷款,它们因自身的特点,又存在着不同的优缺点。只有充分发挥这两种筹资方式的优点,扬长避短,才能为公司提供充足的资金。

不难看出,长短期贷款二者相比,有着以下的特点:相对而言,长期贷款还款期限长,公司每年面对的还款压力小;但是相对于短贷而言,又存在着利息高,申请时间固定(每年一次)等缺点。短期贷款灵活性好(每年四次),但是次年还本付息,公司面临的还款压力则会较大。

在利用长短期贷款时,为了发挥各自的长处,最简单的方法就是做到债务期限的配比。长期融资成本高、还款周期长、风险小,相反,短期融资成本低、还款周期短、风险大。因此,我们只能综合利用这两种不同的融资方式,对于回收期比较长的投资用长期融资,回收期比较短和企业的日常经营所需要的资金用短期投资。

6. 怎样做到长期融资和短期融资的匹配?

财务总监在制定融资计划时,应当注意债务期限的配比问题,即长短期借款的合理搭配。在阅读比赛规则的时候应当注意到,长期贷款的利率要高于短期贷款,于是,在实际经营时,有些团队是出于节约财务费用的考虑,在选用融资方案时,采用的是短期贷款。虽然,适当的短期贷款可以降低总的融资成本,但是如果短期贷款的量过大,会使企业在整个运营过程中财务流动性不足,财务稳定性下降。所以,这些团队的融资决策总是导致6年的经营跌入借新债、还旧债的死循环,偶尔还要通过贴现或借高利贷渡过难关,同时这个不合理的财务决策还可能导致企业最终资金链断流,面临破产的危险。

长期资金和短期资金的筹资速度、筹资成本、筹资风险以及借款时企业所受的限制均有所不同,那么,如何做到长短期融资的匹配呢?财务上有条原则,一定不能用短期负债解决长期资金的问题。从定义上可以看出,长期债务指一年以上到期的债务。一般而言,长期债务通常用来融通长期或固定资产,如厂房、设备等;而短期资金的借入通常是用来融通长短期资产,如存货和应收账款等。当存货售出或应收账款收回时,短期负债就被偿清。

当长短期借贷款的总额是企业所有者权益的一定倍数时，企业应先预计前几年各年需要的贷款总额及当年的所有者权益，如果某一年的贷款额度不足企业所需要的贷款总数，就需要企业在前些年有贷款额度时多贷长期贷款，如果其超过贷款的额度，可适量的用长贷，部分用短贷。

7. 应该怎样利用各种融资渠道，以借到最大限度的资金？

在沙盘中，能够使用的融资方式主要有以下几种：长期贷款、短期贷款、贴现、卖厂房、高利贷、卖厂房再贴现，表3.5为这几种融资方式的主要特点。

表 3.5　各种融资方式比较

融资方式	利率	还款期	申请期	其他限制条件
长贷	10%	5年	每年末	先还，再在所有者权益规定的范围内贷
短贷	5%	1年	每季度	先还，再在所有者权益规定的范围内贷
贴现	1/7=14.3%	—	随时进行	有应收款
卖厂房	1/8(5/40)=12.5%	—	每季度	厂房自有
高利贷	20%～30%	—	随时进行	同短贷、最高限额80M、扣减总分5分/贷10M
卖厂房再贴现	1/7+1/8=26.8%	—	—	

通过表3.5可以看出，单从筹资成本来看，银行贷款是最划算的，下来依次是卖厂房、贴现、卖厂房再贴现，最后是高利贷。在实际操作过程中，企业的CFO应尽量做好筹资规划，选择合适的筹资方式。设法提高企业的所有者权益，充分利用各种融资渠道，按其最高限额进行借贷。另外，可对应收账款进行贴现，必要时也可以将厂房进行买转租，最后还可以考虑高利贷融资。

8. 怎样合理利用高利贷融资？

比赛规则中明确规定，高利贷使用期限为一年（同短期贷款）。高利贷以10M为基本贷款单位，最高限额为80M。高利贷可以随时申请，但高利贷计息时间和还款规定等同于短贷。在正常的运营过程中，应当尽量避免借入高利贷，因为借入高利贷的企业均扣减总分按5分/贷10M。

但是需要说明的是某些特殊情况。在最后一年的经营里，如果企业面临着巨大的亏损，无法贷款、卖厂房，只有贴现和高利贷两种方式可以选择，那么企业的CFO就需要计算是借高利贷扣分导致企业最后总分下降的多，还是因贴现致使所有者权益下降而使企业总分下降的多，只有将两者进行比较之后，才能选择最终的方案。在一次实际比赛结束后，曾经算过这样一笔账，结果发现贴现产生的总分下降要高于借高利贷，说明这个时候借高利贷是划算的。因此，面对这种情况的时候，就要具体情况具体分析了。

一般情况下，高利贷是在特定情形下（企业不能通过其他融资方式）企业所能进行的唯一融资方式。但有时候，企业为了控制其所有者权益进而能在次年从银行借入更大的数额时，在规则容许的范围内，也可以考虑用高利贷融资。高利贷一般应在季度初进行借贷，应当注意到，高利贷到期时也是先还后借。

 9. 负债经营有哪些好处？

在参加比赛的过程中，有些队考虑到节省财务费用支出的问题，尽量少贷款或者不贷款。实际上，负债经营是有很大好处的，它能给企业带来"财务杠杆效应"。一般情况下，当贷款的利息率低于其投资的预期报酬率时，公司可以通过借债提高预期收益，即企业收益将会以更大程度增加。企业可利用负债节省下来的自有资金创造新的利润。

当然，负债经营也会同时扩大预期收益的风险。因为一旦情况发生变化，如销售萎缩，由于固定额度利息的负担，当实际的报酬率低于利率，则贷款不仅没有提高收益，反而使预期收益减少，即在资金利润率下降时，投资者收益率将会以更快速度下降，公司甚至可能因为不能按期支付本息而破产。

负债经营就是借别人的鸡来下自己的蛋，理论上借来的钱越多越好。在模拟经营中，借来的钱越多就能支付越大数额的广告费，继而开拓更多的市场、抢占更大的市场份额，此外，从生产角度考虑，现金充裕便可研发更多的产品以提高利润率，上更多的生产线以扩张自己的生产能力，最终为自己的企业赚得更多的利润。但是无论在现实还是模拟中都不允许一个企业无限制地负债，因此如何最大限度地负债就是每支参赛队伍绞尽脑汁所思考的问题。

第一，负债的成本比股权资本成本低，即投资者用别人的钱为自己赚钱；

第二，负债有助于企业扩大规模，实现规模经济效益；

第三，支付的利息可以在税前抵扣，即减轻了企业的税款负担。

 10. 怎样提高厂房的利用率？

对于有初始状态的情况，先在厂房的空位处进行投资，其次淘汰手工生产线进行投资，等满后租用其他厂房一次进行多条的投资；如没有初始的状态，应先购买大厂房（一般来说，初期财务比较宽裕，等后期财务紧张时可转为租用）进行生产线的投资，等满后再租用或者购买（一般是租用，有财务能力宁愿先进行生产线的投资）小厂房进行生产线的投资。

 11. 厂房是选择购买还是租用？

在用友ERP沙盘的规则中有明确介绍：购买厂房只能在运作记录表中规定的每年年末进行，购买时只需要将等值现金放到厂房价值位置即可。已购买的厂房不需要缴纳租金。那么厂房究竟是购买划算还是租用划算？在不同的情况下有不同的选择。下面通过数据来说明：大厂房的购买价格40M，每年租用费用为5M，小厂房购买价格为20M，每年租用费用为3M。如果借长期贷款把厂房买下来，利率是10%，每年的利息大概是6M，而租金是每年付8M。将租厂房改为买厂房，那么每年就会减少2M的费用，而这2M可直接看为净利润的增加。

然而需要看到，计算的前提是借长贷买厂房，如果公司当前的权益较低，无法进行长期融资，那么怎么办？厂房既是投资项目，也是融资手段。上面计算过，相对于租赁，购买厂房可获得相当大的资金收益率。那么如果将厂房作为融资手段，出售大厂房一年相当于借入利率12.5%的贷款，小厂房为15%，可见，出售大厂房的融资方式比贴现划算（1/7＝14.3%）。所以厂房应该在资金比较宽裕的年度买进，不仅有利于获得投资收益，而且有利于最后加分。

一般来说，市场较大，利润空间也比较大时，选择租用厂房，用需要购买厂房的那一部分资金进行生产线的投资；但如果市场较小、利润空间较低，企业的产能也能满足市场的需求，这时应选择购买。

12. 已有的大厂房是否该卖？该什么时候卖？

在规则的初始状态中已经给出，大厂房是企业的自有资产，然而在企业资金紧张的时候，卖厂房也不失为是一种好的融资方式，企业卖掉厂房，可获得 4 账期的应收款。卖了厂房就要交租金，所以厂房的融资成本可以看作是 $5/40=12.5\%$，从资金成本的角度考虑，这比贴现还是低很多的。但是卖厂房的缺点在于不能立刻变现，如果卖了立刻贴现，那么筹资成本就赶上高利贷了，所以厂房的出售应当是有前瞻性的，应该在预算中所显示的出现资金缺口的前四期进行，进而有效的降低筹资成本。按照以往比赛的经验，厂房应该在第一年的第四季度卖出，这样第二年的第四季度就有现金流入，恰好以备第三年资金周转，因为按经验来看，第三、四年的资金是最紧张的。

市场较大、利润空间高时，应该变卖大厂房进行生产线的投资；相反，如果市场较小、利润空间低时，则不应该进行生产线的投资。但如果企业的日常经营发生困难，就该变卖厂房以维持企业的日常经营。厂房的变卖应该选在第一季度进行，这样变卖厂房的房款就能最快的收回。

13. 有钱时该用来购买小厂房还是投资生产线？

有钱时应该尽量投资生产线，因为投资生产线可多生产产品，产品卖出所得的收益可要比小厂房的租金费用多得多，这正是许多队伍第一年卖大厂房上生产线的原因。

沙盘模拟的竞争，其实就是产能扩张的竞争，企业的产能提高了，销售增加了，企业的利润自然就增加了。如果是购买厂房，尽管节约了租金，但却没有扩宽企业利润的来源，从而没能在根本上实现利润的增长。

14. 小厂房是否值得购买？

应当在资金充裕的经营终止年购买小厂房以减少租金费用，并且作为比赛加分项。

小厂房在企业还要进行生产线投资时，不值得购买，应该租用。但在生产线投资完后就应该购买，最迟在第六年购买。

15. 如何安排生产，以实现现金回笼的需要？

为了满足企业经营现金流的需要，财务总监进行预算时会对交货的时序提出一定的要求，这时就要求生产部门合理安排生产，提供能满足各个交货时点的产品。在实际操作时，可以先确定各季度半自动和全自动生产线的产量，推算出各季度需要手工和柔性生产线的数量，再根据原材料的订购情况安排各季度手工和柔性生产线的生产。

16. 怎样来调节订单的交货顺序以达到现金流的通畅？

在整个运营过程中，从经验来看，如果企业是高速发展的，那么在任何时刻，现金流都是稀缺的。而销售收入是企业赖以生存的主要资金来源，销售收入的适时变现能够为企业的发展带来很大的财务力量支持。所以可以通过控制销售收入变现时间的方式，来控制现金流入时间，进而达到节约筹资成本，保证现金流畅的目的。

沙盘中的订单分为加急订单和普通订单。加急订单要求在第一季度交货,而普通订单可以在年内任何一个季度规定的时间交货。可见,普通订单的交货时间是可控的。

普通订单的交货顺序应当在年初计划确定。在CFO做出年度计划之后,可以清楚地看到本年的四个季度内哪个季度的现金流比较紧张,需要资金的迅速变现,就根据生产情况,结合资金缺口数量往前推账期,从而确定交货时间,选择合适的订单交货。如果年内未显现出明显的资金缺口,但现金流比较紧张,则应先交账期短的,金额大的;如果四季度内资金都比较充裕,那么应先交账期长的,金额大的,以备来年之需。

财务总监应根据其现金流的需要,通过调节交货时间实现对应收货款回收期的调节,比如说,若企业第三季度需要的现金量多,前两季度基本不需要收回现金,那么应在第一季度选择交两个账期的订单,第二季度选择交一个账期的订单,第三季度选择现金收款的订单进行交货。

17. 怎样和其他职位配合,做到现金收支的相互监督?

财务总监要填列的现金流量计算表和CEO要打钩的业务流程表基本相同,在财务总监填列现金支出时,CEO只要在打钩之余也在每项产生现金收支的业务流程所对应的空格内填上现金收支的数目就可以获得另一个独立的现金收支账目,然后每季度与财务总监对账,即可做到现金收支的相互监督。

企业的现金收支与各部门的业务往来是相对应的,当有现金收支发生时,财务总监应该通过这些相关的职位转收和转支,实现对资金收支的监控,即各职位监督与自己职位相关的现金收支,与其他职位不直接相关的银行借贷由CEO监督。

18. 在需要贴现时应选应收账款的何种账期进行贴现?

贴现是企业的融资方式之一。有时候,因为现金流产生突然的缺口,而又无法用贷款的方式进行融资时,就需要将应收款提前变现。若提前使用应收款,必须按6:1的比例提取贴现费用,即从应收账款中取7的整数倍数的应收账款将贴现额的6/7放入现金,其余为贴现费用(只能按7的倍数贴现)。只有有足够的应收账款,才可以随时贴现。但是应当按需贴现,不多贴,而且有选择地进行贴现。在选择贴现的应收款时,应尽量选择离贴现时点远的应收款,因为短账期能够在近期收现,有效的节约融资费用,以避免下次因现金流的断流而产生的再次贴现。

一般是首选账期较长的应收账款贴现。对于应收账款期限相同、金额不同的,应根据财务的需要,选择贴现后恰好能满足现金缺口的应收账款进行贴现;对于应收账款期限不同而贴现费用相同的,应选择账期长的账款贴现。

19. 现金的库存量应该在什么样的范围?

一般认为现金的库存应尽量减少,如果现金库里存放着大量的未加以使用的现金,那么企业的筹资成本就是白白付出的,无法产生收益。所以现金不应放着,而是要通过支出产生收益。当然,现金的库存量也不能过低,应当满足企业的经营需要,即保证现金流的平稳而不产生断流。

20. 怎样使得财务费用最小化?

财务费用在整个综合费用中占的比重非常大,它的发生直接导致企业所有者权益的减少，那么有效的控制财务费用就显得尤为重要。财务费用包括两方面的内容：借款利息和贴现费用。要降低财务费用就得减少这两方面的支出。可以参考的方法概括为：多做财务预算；减少不必要的贷款，多用短期贷款；调整企业的交货时期，争取少贴现。要进行财务费用的控制，主要应关注以下两个方面。

（1）筹资方式的选择。不同的筹资方式产生不同的筹资成本，之前的问题中将沙盘涉及的筹资方式做了比较，在实际操作中应当根据具体情况尽量选择成本低的筹资方式。

（2）财务预算的准确性。如果CFO能够有效地进行年度现金收支的预算，那么企业在本年度内面临的现金缺口就一目了然，进而筹资方式的选择也就比较准确，从而避免了因突然的现金缺口而产生的不必要的财务费用。

21. 全自动生产线该在哪些季度上，使得折旧费用最低？

要使新投资的全自动生产线折旧费用最低，就要使得新投资的生产线正好在下一年的年初建成，能在第一季度上线进行生产。这就要看全自动生产线投资所需要的建设时期，对于建设时期为四期的需要在第一季度开始进行投资，为三期的需要在第二季度开始进行投资，依次类推。

22. 综合费用明细表的相关项目数额与盘面及相关的费用中心怎样保持一致？

综合费用明细表（表3.6）的填写是个难点，它是完成财务报表的基础，其填写直接关

表 3.6 综合费用明细表

项　　目				
金额				
备注				
管理费				
广告费				
保养费				
租　金				
转产费				
市场准入				
□区域　□国内　□亚洲　□国际				
ISO资格认证				
□ISO 9000　　□ISO 14000				
产品研发				
P2(　) 　P3(　) 　P4(　)				
其他				
合　计				

系到财务报表能否获得正确的数据。在实际运作过程中综合费用表的数据很容易出错,这主要是因为其相关项目数额与盘面及相关的费用中心很难保持一致。

经过经验累积,可以发现综合费用表的填写也是可以省时又省力的。将综合费用表的项目分为直接获取和盘面盘点两类。直接获取的包括"管理费"和"广告费"。"管理费"不变,每季度1M。"广告费"由市场总监处直接获得。盘面盘点类就包括剩下的几项了,生产线的维护费都是每年每条1M,因此盘面上有几条已建成的生产线,就发生几百万的"保养费";"租金"反映的是租厂房支付的金额,如果公司厂房为自有,则该项为零,如果为租用,直接填写租金数额。"转产费"是指生产线转产发生的费用,在四类生产线中,只有手工线和柔性生产线的转产是免费的。一般来说,公司应该计划好生产,能不发生转产费用就不发生,因为产生费用的转产是不合算的。"市场准入""ISO资格认证""产品研发"都是根据盘面直接填写,但是盘点的时候应当注意与运营表核对,以防止出现忘记支付的情况。"其他"项中应计入变卖生产线产生的费用。注意到以上所说的几项,综合费用表的填写就不难了。

综合费用是由其他各职位部门规划的,在费用发生时由各职位向财务总监申请资金,并由各职位总监自己摆放盘面,在做综合费用明细表时再由各相关的职位提供这些原始数据,这样即相互监督又保证了数据的一致性。

23. 企业盈利时该怎样选择投资和缴税?

企业盈利时可以考虑多投资,但对于那些不是迫切要求的投资,不必要将其提前进行投资,应先交税。如果提前投资,可能导致既没有充分的利用好资金,又因所有者权益下降影响企业融资的情况发生。

24. 企业该进行怎样的税务筹划?

企业有时会出现多盈利的1M正好需要交税,这时就可以用这1M进行投资,或者用其作为贴现费用以便能够收回一定的现金。

25. 怎么计算每种产品的毛收益?

产品的毛收益又叫作产品的贡献度。由于每种产品所使用的原材料不同,因此所涉及的全成本就不同,如果能准确计算出不同产品各自的全成本,那么根据销售额就可以计算出该产品的产品贡献度,那么就会知道哪种产品是赚钱的,哪种产品是赔钱的,公司的成本在哪些地方失控,哪些是薄弱环节,进而找出原因,进行改进,降低成本。

那么产品贡献度究竟要怎么计算呢?

首先大体将沙盘运营中涉及的费用做个概括,主要包括以下几项:广告费、产品生产成本、研发成本、利息成本、生产线维护成本、行政管理费、市场开拓成本。这些成本中有些是可以直接归集到不同产品的,而有些需要在产品间进行分配,可以直接归集的包括:广告费、生产成本、研发成本,剩下的间接成本都需要在产品间进行分配。

间接成本分摊比例=不能直接分配的成本总额/总销售额

每种产品应分摊的间接成本=该种产品的销售额×成本分摊比例

每种产品的全成本=该种产品的直接成本+该种产品的间接成本

每种产品的毛收益=该种产品的销售额-该种产品的全成本

用各种产品的销售额减去相应产品的直接成本就得到该产品的毛收益，再用它除以这种产品的销售数量，就得到该种产品的单位平均毛利，即单位平均贡献。

 26. 财务预算涉及哪些收支项目？

相关的现金支出有：税金、广告费、还贷款、利息、采购原材料、生产线投资、生产加工费用、产品研发、行政管理费用、生产线维护费、厂房款、租金、市场开拓及ISO认证等；现金收入有：借款、贴现款、应收账款及现金销货款等。

财务预算的要点在于对公司运营现金流量和存量的控制，而要对此进行有效控制，就应该首先熟悉公司与现金流入、现金流出相关的项目。

沙盘中涉及的公司收入较为简单，仅包含两个方面的收入，即销售商品收入和固定资产变卖的收入。

支出涉及的相关项目则比较多，可以大致分为以下几类。

广告费支出：该项支出由公司的年度营销策略决定。在最初的沙盘规则中，广告费不容许在年初融资后支付，即能用上年末现金余额支出广告费。而在近两年有所改动，容许在年初融资后再支付广告费，但要求公司只有在支付广告费之后才能开始年度运营。广告费的支出为年初一次性支付，在很大程度上受制于公司的财务能力和营利能力。

投资支出：该项支出又可以具体到两方面的内容：固定资产投资和无形资产投资。固定资产的投资包括生产线投资和厂房投资。一般情况下，固定资产投资的特点表现为两头高中间低的趋势，这主要是由其本身的特点所决定的：在运营初期，扩大产能的愿望强烈，而公司的所有者权益也相对较高，具备相当的融资能力；中期，所有者权益大幅度降低，财务吃紧，无法继续投资；经营后期，权益升高，现金充裕，因而继续加大投资规模。无形资产投资主要包括产品研发、市场开拓、ISO认证。这些支出的大小主要取决于市场方面的策略，本身无法收回，只能靠销售收入补偿。无形资产投资开支额总体呈现递减趋势，即初始几年支出额较大，越往后越小，最后两年一般不支出。

一般常规开支：管理费用开支，生产线维护支出等。这些支出与公司短期策略无关，为必须支付的费用，从整体上看，是呈逐年增加的态势。

其他支出：偿还长、短期贷款，利息，贴息，厂房租金，加工费，原材料采购费等。

 27. 怎样从其他职位那里获得关于财务预算这些相关收支项目的帮助？

财务预算应当得到其他各职位的帮助，应该是在每年年初其他职位提交相应的计划之后进行。要准确地进行财务预算，离不开其他职位人员的帮助。反过来，财务预算能够有效的评价其他各职位所做的计划是否可行，如果计划的执行导致现金流的缺口，那么就需要更改整个计划。

在做财务预算之前，财务总监应得到的资料有：销售部门的广告计划和市场开拓计划、ISO认证计划、产品研发计划以及销售收入的预算；采购部门每季度的采购计划；生产部门的生产计划、生产线报废和购置转产计划等。只有在得到这些数据之后，才能做出准确的现金流预测，可见部门之间的共享数据是非常有必要的。

在年初的讨论会上，市场总监、生产总监和采购总监要向财务总监报告本年度所有在自己职责范围内的支出项，CEO负责监督，不能漏掉一项。在预算时，这些与其他职位相关的收支项目的数据需要他们提供，因为他们是这些费用的发生者，并通过他们支付，起到相互监督的作用。

 28. 应该怎样控制企业的所有者权益？

企业上一年的所有者权益关系到企业在本年的贷款数额，如果一个企业的财务总监预算做得好，那在年初就能大体看到本年末的所有者权益情况。比赛规则明确规定，长、短期贷款的总额度为上年权益总计的两倍，长期贷款以 10M 为单位申请，短期贷款必须按 20M 的倍数申请。举个例子，如果企业本年的预计所有者权益为 19M，那么企业如果在次年贷短贷只能按 10 的 2 倍申请短期贷款，即获得 20M，长贷也只能获得 30M。如果企业本年的所有者权益能提高 1M，那么短贷的额度就可以增加 20M，长贷增加 10M，这对企业而言可是笔不小的融资数额，很有可能为企业来年节余下 10M 以上的贴现费用。所以这个时候进行所有者权益的控制就变得十分重要。这个时候，可以通过控制本年的综合费用达到目的，减少某个项目的费用，从而为企业赢得融资额度，更有利于未来几年的发展空间和发展速度。

企业能从银行借贷的资金为其所有者权益的一定倍数并按十的倍数取整，因此企业为了能借到更多的资金就需要控制好企业的所有者权益，当所有者权益的这一倍数接近十的倍数时，就需要想方设法地增加权益将其数额提高到十的倍数。可以考虑以下几种方式：①推迟产品的研发；②推迟市场的开拓；③推迟 ISO 的认证；④推迟生产线的投资；⑤变卖不用再计提折旧的手工生产线，节约维护费用。

 29. 应该怎样保证利润表项目的准确可靠？

如表 3.7 所示，利润表的填写是以订单登记表、商品核算统计表和综合费用表为基础填写的。只有正确填写以上三个表格，利润表的完成才是有据可循的。"销售收入"是公司完成的订单金额，这里一定是完成的，对于没有完成的（违约）的销售收入一定不能计入。该项目金额可以根据商品核算统计表的销售额填写。这里要注意不能根据订单登记表的销售额填写，因为两个表的销售额可能出现不同，订单登记表是在每年年初订货会开完后填写的，它反映的是公司本年度获得的订单数，而非已经完成的；而商品核算统计表是在交货后填写的，是公司本年已完成销售的反映。"直接成本"的来源和"销售收入"相同，根据商品核算统计表填写，是订单产品的材料费＋加工费。"综合费用"来自综合费用表的合计数。"折旧"就是沙盘盘面上在"设备折旧"里提取的金额，折旧的提取方法在每次运营时的规定可能不同，到目前为止两种方法：直线法和余额递减法。直线法又叫平均年限法，采用这种方法计算的每期折旧额均是相等的，例如某类固定资产年折旧额＝（某类固定资产原值－预计残

表 3.7 利润表

项目1	项目2	金额	项目1	项目2	金额
销售收入	＋		支付利息前利润	＝	
直接成本	－		财务收入/支出	＋/－	
毛利	＝		额外收入/支出	＋/－	
综合费用	－		税前利润	＝	
折旧前利润	＝		所得税	－	
折旧	－		净利润	＝	

值)/该类固定资产的使用年限;余额递减法的每年折旧额=每一期期初固定资产账面净值/3,向下取整,在建工程以及当年新设备不提折旧。"财务收入/支出"对应的是贷款利息+贴息。

最后是"所得税"项目的计算问题。该项目的填写是个难点,在模拟运营中发现所得税计算错误的情况出现的比较多。所得税=利润总额×所得税率(这里的所得税率是1/3),得到的结果向下取整。这里要注意的是先弥补亏损后交税的问题,即利润表中"税前利润"为负数的年度不考虑交税,"所得税"直接写零,当"税前利润"项目为正数时,应当先弥补完以前年度的亏损再交税,弥补亏损的这几年不交税,弥补完亏损的最后一年应当以弥补后税前利润余额为基础计算税额,以后营利年度直接用上面提到的公式以及利润表中的利润总额为依据计算。

正确填写以上项目后,利润表应该就不难做出了。

第一,利润表的许多项目数据都来源于其他表,因此,必须保证其数据来源的连贯性。

第二,涉及与其他职位相关的数据由其他的职位提供。

第三,其他职位多检查,避免各种错误的发生。

 30. 资产负债表出现不平衡可能的原因有哪些,应该怎样检查及改正?

关于资产负债表,很多人感到很难填写。其实,沙盘的资产负债表只要按照盘面填写就可以。表3.8是沙盘资产负债表的格式,左边是资产类,右边是负债和权益类。先看资产类,资产类的"现金"和"应收款"都可以在盘面上直接盘点。注意"应收款"应该将四账期内的应收款全部加和。"在制品"是还在生产线上的产品价值;"成品"是产成品库里的产品价值;"原料"是原料库的材料价值;"土地和建筑"是拥有的厂房的价值;"机器和设备"是提取折旧后生产线的价值,这里要注意生产线的折旧是否已经正确提取;"在建工程"是指尚未完工建成的生产线上已经投入的资产价值。

表 3.8 资产负债表

资产	金额	负债+权益	金额
现金	+	长期负债	+
应收款	+	短期负债	+
在制品	+	应付款	+
成品	+	应交税	+
原料	+	一年到期的长贷	+
流动资产合计	=	负债合计	=
固定资产		权益	
土地和建筑	+	股东资本	+
机器和设备	+	利润留存	+
在建工程	+	年度净利	+
固定资产合计	=	所有者权益合计	=
总资产	=	负债+权益	=

右边是负债类，"短期负债"和"长期负债"分别是盘面上相应贷款栏中各个账期贷款的合计数，这里要注意"长期贷款"的填入数应当是总的长期贷款数减去"一年内到期的长贷数"。由于沙盘运营中取消了组间交易，所以"应付款"一栏中不填数。"应交税"即利润表中的应交税金数，抄过来即可。

之后是权益类的填写。沙盘运营中不会出现新的资本投入，因此"股东资本"不发生变化。

"利润留存"是上一年度的利润留存与上年净利润之和；"年度净利润"即本经营年度取得的净利润，把损益表上的净利润抄过来即可。最后，只要验证"总资产"是否等于"总负债"与"所有者权益"之和。

如果每步程序是按规定严格进行盘面操作，资产负债表的填写应该是没有问题。当然，通过以上分析可以看到，资产负债表中的一些项目的填写要与利润表的相关数据衔接，所以一定要在完成利润表的基础上再完成资产负债表。

那么，如果资产负债表出现"不平"的情况时如何检查呢？一般容易在以下几个环节出现问题。

（1）现金的收支是否已正确入账，有没有忘记入账的收支发生。另外，各项发生的费用是否已用现金支付，即放在盘面指定的区域内。

（2）应收款、长短期负债的加和是否有误。

（3）机器设备是否正确提取折旧，设备净值计算是否正确。

（4）利润留存的计算是否有误。

3.3 市场板块

企业的生存和发展离不开市场这个大环境，市场是企业赖以生存的土壤。要适应瞬息万变的市场，就需要团队把握住市场走向，进行市场预测和调查。市场预测是企业战略制定和实施的重要前提；而市场调查则是要调查客户需求、竞争对手的生产能力、投资组合、资本结构等，以利于合理利用资源，例如在广告投入方面可以发现本企业与竞争对手在策略上的差距，再根据自己的实际情况制定新的可以取胜的策略。同时要注意从宏观上把握市场领导者的优势，利用这一无形资产更好地提高市场占有率。

 1. 如何预测市场，选择什么样的战略？

市场竞争战略包括：市场领导者战略、市场挑战者战略、市场跟随者战略和市场补缺者战略。市场领导者是指在相关的产品市场上占有率最高的企业，它在价格变动、新产品开发、销售渠道的宽度和促销力量等方面处于主宰地位，也是其他企业挑战、效仿或者回避的对象。市场领导者企业一般采取扩大总市场、保护市场份额、扩大市场份额三种战略对策。市场挑战者的战略目标是增加市场份额并且超过市场领先者，于是就要进攻市场领先者，排挤目前经营该项业务不良和财力拮据而且与自己规模相仿的公司，具体方法可采取价格折扣、廉价品、分销创新或者降低制造成本等。市场跟随者主要是那些不进行挑战而是跟随在市场领导者后面自觉维持共处局面的企业。其主旨主要是保持现有的市场份额，在产业有发展机会时，能够同样获得这些发展机会。采取的主要策略有紧密追随、适度追随和选择性追随。市场补缺者就是精心服务于某些非常细小的市场，而不与主要企业竞争，只是通过专业化经营来占据对自己有利的市场孔隙的企业。其主要战略是专业化市场营销，企业为了取得补缺基点可在市场、顾客、产品或者渠道等方面实行专业化。

在做市场预测时，先将给出的市场预测表进行加工、整理，按产品的种类分别统计出各年的需求量及所有产品各年的总需求量，用此数除以共用一个市场的小组数，就可得到市场对每个小组各种产品及所有产品的平均需求量。所以，在初期基本上还不存在具体的地位策略，主要是先去争取更多的市场份额，进而再确定企业在这个行业中所处的地位，以谋求最佳发展战略。在选择战略时，可依据此需求进行产品研发及生产线的投资，以便能提供同需求相一致的供给，如果某一年的需求增长较快，投资速度跟不上需求的增长速度，可以在前面有投资能力时进行多投资，用一定的产品库存来满足市场需求的快速增长。一般来讲，选择的投资战略，应不仅限于上面预计的需求平均数，投资所能提供的供给量应大于需求的平均数。所以，为了能够获得更大的市场份额，需要依据企业的目标、广告策略、销售能力及对其他小组的预计等因素加以确定。

2. 市场领导者地位重要吗？如何成为市场领导者？

通常比赛中市场领导者被称为市场老大。可以肯定地说市场领导者地位非常重要，处于市场领导者地位有以下优势。

（1）市场领导者可以节约广告费。由于市场领导者优先选单，用少量的广告费就能实现在本市场比其他广告费多的小组更多的销售；

（2）市场领导者可以保证实现一定数量的销售。市场领导者可以保证打广告的产品在本市场上都能拿到订单，甚至是好的订单；

（3）市场领导者有机会选到自己最想要的、最理想的订单；

（4）抢一个市场领导者远比保住一个市场领导者困难，因此市场领导者一般能够持续，其好处也就自然得以持续。

要抢一个市场领导者地位，就要在打广告的时候将自己所拥有的产品种类全打上广告，比如要抢国内市场的市场领导者，自己有 P1、P3、P4 三种产品，应该在这三种产品上都打广告，且尽可能地多轮抢单，多抢大额订单，使自己所有产品在该市场上的销售总额最大。

抢市场领导者可以通过两种方式，一种是通过多打广告费优先选单。企业可以选择销售额比较大的订单，从而实现市场领导者的地位；另外一种是通过新产品抢先投放市场。每一小组都需要研发新产品，但每一小组的研发时期却大不相同，企业如果能够在其他小组之前研发出新产品并生产销售，由于该新产品只有少数厂家（甚至可能只有一家）生产并销售，则可以用少量的广告费拿到较多销售额的订单，多了一种新产品的销售额，就更容易得到市场领导者的地位。当然，这两种方式都需要有产能的保证，也需要有好的广告策略。

3. 第一年应不应该抢市场领导者地位？

市场领导者是指在相关的产品市场上占有率最高的企业。处于市场领导地位的企业时刻面临着其他企业的无情竞争与挑战，企业为了维护自己的主导地位，必须保持高度警惕并且采取适当的市场竞争战略，否则就可能招致失败。

通常来说，第一年不建议争抢市场领导者，不是说抢到市场领导者没好处，而是说风险大，如一次比赛，有一小组第一年打出 35M 的广告费，但他的销售及抢到的市场领导者带来的好处并不能弥补这 35M 的广告费，反而让该组陷入了财务危机之中。

 4. 第一年如果可以拿到市场领导者地位，但你没有产能，该怎样选择？

作为市场的领导者，可以采取三种战略：扩大总市场——发现新用户、开辟产品的新用途和增加产品的使用量；保护市场份额——阵地防御、侧翼防御、先发防御、反攻防御、运动防御和收缩防御；扩大市场份额。

假如订单需求量比产能多 1 个产品，可以考虑增加一条手工生产线，年底刚好可下线一个产品用于交货，这样就可以拿到市场老大地位，但假如订单总需求超出产能 2 个，就要上两条手工生产线，倘若本年度还打算再上其他生产线，就要租用小厂房，如若以后再卖掉手工生产线，损失就有些过大，可能就会完全抵消掉抢到市场老大所获得的利益，甚至会更大。

在第一年打完广告费，竞选订单时有可能会遇到现有的产能不够销售的情况，如现有的产能只有 7 个 P1，但有一张订单是需求 8 个 P1，如果拿到这张订单就是市场老大。在这种情况下，应该选择这张订单，因为第一年年初有原材料的库存，购买一条手工生产线就能在本年生产出产品来并销售，以满足大订单实现市场老大的目的。但如果选这张订单不能得到市场老大，应放弃这一订单，选择符合现有产能的订单，这样就不用投资新的手工生产线。因为手工生产线使用的技术最原始、效率、产能低下，必将被高效、高产的全自动、柔性线所代替。

 5. 有机会成为市场老大，但造成其他市场订单的违约，该怎样选择？

建议拿订单做该市场老大，在交货时，先满足市场老大的市场订单，然后在其他没有市场老大的市场上选择销售额最小、相比而言最不好的订单进行违约，因为取得市场老大带来的好处远超过违约所交违约金。

 6. 为了保住市场领导者的地位能做些什么呢？

俗话说："故善战者，求之于势，不责于人，故能择人而任事"。作为市场领导者，即使不开展攻势，至少应对各条战线保持警惕。领导者必须堵住漏洞，防止进攻者侵入。防守战略的目标就是要减少受到攻击的可能性，将潜在危机竞争者引到威胁较小的地带。此外，市场领导者可以放弃较弱的领域而把力量重新分配到较强的领域。保住市场老大相对于抢市场老大要容易些，因为不用投入太多的广告费，只要把尽量多的产品往自己想要保住的市场上销售即可，对于不想抢老大的市场则可选毛利最大的订单。

要保住市场老大，就要知道各组会怎样抢市场老大，以制订相关的保护战略。至于广告策略，在该市场上，可以对需求较多、可能会选两轮单的产品投 3M 的广告，对需求较少、可能只有一轮选单机会的产品投 1M 的广告费；对于投资，应该加快新产品的研发速度，同时，尽快地对 ISO 进行认证。

 7. 各个市场有什么特点？

面对不同的市场，各类产品有不同的需求走势。这应该根据市场预测来分析各个市场。下面举例具体讲述如何分析描述市场预测及各市场特点。以某一次比赛的市场预测为例，图略。

本地市场将会持续发展，客户对低端产品的需求可能要下滑。伴随着需求的减少，低端产品的价格很有可能会逐步走低。后几年，随着高端产品的成熟，市场对P3、P4产品的需求将会逐渐增大。同时随着时间的推移，客户的质量意识将不断提高，后几年可能会对厂商是否通过了ISO 9000认证和ISO 14000认证有更多的要求。

区域市场的客户对P系列产品的喜好相对稳定，因此市场需求量的波动也很有可能会比较平稳。因其紧邻本地市场，所以产品需求量的走势可能与本地市场相似，价格趋势也应大致一样。该市场的客户比较乐于接受新的事物，因此对于高端产品也会比较有兴趣，但由于受到地域的限制，该市场的需求总量非常有限。并且这个市场上的客户相对比较挑剔，因此在后几年客户会对厂商是否通过了ISO 9000认证和ISO 14000认证有较高的要求。

因P1产品带有较浓的地域色彩，估计国内市场对P1产品不会有持久的需求。但P2产品因为更适合于国内市场，所以估计需求会一直比较平稳。随着对P系列产品新技术的逐渐认同，估计对P3产品的需求会发展较快，但这个市场上的客户对P4产品却并不是那么认同。当然，对于高端产品来说，客户一定会更注重产品的质量保证。

这个市场上的客户喜好一向波动较大，不易把握，所以对P1产品的需求可能起伏较大，估计P2产品的需求走势也会与P1相似。但该市场对新产品很敏感，因此估计对P3、P4产品的需求会发展较快，价格也可能不菲。另外，这个市场的消费者很看重产品的质量，所以在后几年里，如果厂商没有通过ISO 9000和ISO 14000的认证，其产品可能很难销售。

进入国际市场可能需要一个较长的时期。有迹象表明，目前这一市场上的客户对P1产品已经有所认同，需求也会比较旺盛。对于P2产品，客户将会谨慎地接受，但仍需要一段时间才能被市场所接受。对于新兴的技术，这一市场上的客户将会以观望为主，因此对于P3和P4产品的需求将会发展极慢。因为产品需求主要集中在低端，所以客户对于ISO的要求并不如其他几个市场那么高，但也不排除在后期会有这方面的需求。

 8. 五个市场分别该在什么时候进行开拓，如果资金出现紧张，必须放弃部分市场的开拓，该怎么决策？

如果财务有能力，五个市场都应该开拓，并且争取在第一年都进行开拓，如果资金出现紧张，必须放弃部分市场的开拓，那么根据产品组合选择产品市场更广、价格更高的市场优先开发，但如果财务没有能力，必须停止某些市场的开拓的话，一般来说，应先暂停开拓周期长的市场的开拓。

此外，根据事先拿到的市场预测，可分析出哪个市场的盈利空间较小，首先选择放弃盈利空间较小；或市场产品结构与企业决策产品组合不相符的市场。

 9. ISO认证和市场开拓有哪些特点？

ISO认证和市场开拓有以下特点：①ISO认证和市场开拓都是企业投资的无形资产；②两者都是先投资后受益，并且是早投资、早受益、多受益；③投资全部是本年的费用，对所有者权益的影响较大。

10. ISO 认证和市场开拓哪个更重要？

市场开拓更为重要，如若没有市场开拓就没法实现销售，但如果没有 ISO 认证，企业同样可以实现销售，只是销售面窄，利润较低。市场是实现产品价值和剩余价值的唯一场所，ISO 认证只有在市场中才能发挥其作用，脱离市场就为零，可以这样说，市场是认证的基础，认证是市场的补充。

 11. ISO 9000 和 ISO 14000 分别该在什么时候开始认证？

一般情况下，市场预测中每个市场都有文字解释，这些解释显示：有的市场没有 ISO 9000 会很难销售，有的市场没有 ISO 14000 不行，有的市场则两个认证都要具备才能畅通无阻。企业 ISO 认证应该在需要它的市场开拓之前或同一时期认证完毕，最好是两者同步，这样可以最有效地利用资金。

任何资金，都希望投资后就能得到有效利用和回报。对于认证，一般第四年只有少数客户对 ISO 9000 有要求，从第五年开始就有多数的客户对 ISO 9000 有要求，而客户对 ISO 14000 的要求比 ISO 9000 迟一年，因此，对 ISO 9000 和 ISO 14000 都建议在第三年开始进行认证。

 12. 如何制定本企业广告策略？

企业的广告策略应与企业的整体发展战略相一致，在投资广告时，首先应该考虑企业需要实现的销售目标，其次考虑企业广告费用的承受能力，最后考虑财务对销售应收账款收回时期的需要等因素。

 13. 投广告费有哪些技巧？

选择主打产品时需要考虑产品生命周期、市场份额和消费者基础、竞争与干扰、广告频率、产品替代性。

基于以上考虑投广告应从以下几个方面考虑：①先根据企业各种产品的产能，估计出各种产品需要拿到几张订单（一般假设一张订单销售 3 个产品）；②看市场的供求情况，对某种产品市场需求远大于供给的，可以按要拿订单张数来确定划分几个细分市场，并且少打广告费，但如果需求小于供给，就需要多划分多打些细分市场及多打广告费；③如果考虑在某一市场上争抢市场老大，在这一市场内，对需求多的少打广告费，需求少的相应多打，争取每一种产品都能在这一市场上拿到订单，并且拿到好的订单。

 14. 广告费大约每年多少？

广告费的数量应依据需要销售的产品数量和市场的需求情况确定，各年各不相同，一般情况下，第一年的广告费用在 4~8M 之间，第二至六年的广告费用在 10~20M 之间。1~3 年市场竞争激烈，细分市场少，从而每个细分市场上的广告费用就多；4~6 年市场需求比较旺盛，细分市场也多，从而每个细分市场上的广告费用就少。

 15. 第一年广告费需要多少？

在运营中，对于刚刚进入这个行业的新企业，首先要让顾客了解这个企业的产品及其质量和功能。那么就需要来打广告，确定合适的广告费用和广告规模。第一年广告费是最难决定的，因为第一年订单很少，大多数队伍只能拿到一张订单，并且夺得了市场领导者的地位，下一年就能省不少广告费。但是如果投得过多，又没有成为市场领导者，局面就会一下子变得很被动，因此面对很多初次与之交锋、捉摸不透的竞争对手，一般不宜打得过高，打一个中等数量的广告费，拿一个使毛利减去广告费所得余额最大的订单便是企业最适宜的选择，这是一个多重博弈的过程，准确地揣摩对手的心理显得尤为重要。

针对这一问题没有确切的答案，但第一年各小组广告费比较集中在 4~8M 之间，并不建议广告费一定要在这一范围，可以根据市场需求，制订自己企业主要实现的销售目标，通过博弈、心理战术打出能实现销售目标的广告费。

16. 一张订单都包括哪些内容？

订单上有以下一些内容：①产品的销售数量；②产品的销售额；③产品销售的单价；④应收货款的账期。另外，对于限制季度交货的有订单，还有最迟的交货时期。

17. 拿订单主要考虑哪些问题？

订单上一般包括订单号、市场、产品、数量、账期、销售额等项目。而这些项目在选订单时基本上都要考虑，在选订单时，对于不同的情况要求考虑的重点也就不同。在企业销售困难时应该选择数量多的销售额大的订单；销售容易时应该选择利润高、账期短的订单；财务困难时应该选择账期短的订单，或者是选择通过贴现为现金后比短账期订单更好的长账期订单。

符合企业需要的订单就是好订单，对于竞争激烈的市场，销售额多的订单为好的订单（与其他的订单相比，销售额的增加要能抵消增加产品的直接成本并带来最低要求的毛利）；竞争不激烈的市场，利润空间高的订单是好的订单。

18. 选择订单时怎样运用边际贡献？

对于销售数量不同的两张订单，用销售额的增加除以销售数量的增加，再减去该种产品的直接成本就得到该种产品的边际贡献，用这一边际贡献与企业对该种产品要求的最低毛利相比，边际贡献大于毛利就选择数量多的那张订单，否则选择数量少的那张订单（两张订单的边际贡献都大于毛利）。

19. 加急订单的选择？

在市场总监打广告选择订单时，手中应该已经有该年产量的预算。值得注意的是，加急订单一般数目较小（1 个或 2 个产品），如果有机会选单，应该首先选择产品数量较大的订单保证最大量的销售库存产品。如果加急订单的产品数量在产能之内，可以在之后选单的过程中优先选择加急订单，因为加急订单较普通订单售价高。

20. 选订单时该产品的原材料没订够（可紧急采购），应该怎样做出选择？

在这样的情况下，先考虑生产该种产品需要紧急订购哪些原材料，需要多花费多少原材料成本，再用订单的销售额减去这一多花费的成本，用其差额作为这一订单的销售额，这样就可以把它当作没有紧急采购的订单一样考虑了。

21. 有交货期的订单应该怎么选择？

在选择有交货期的订单前，首先注意交货期到时产量是否可以完成，若可以完成，选择有交货期的订单，价格较高。

 22. 企业急需现金，是选有账期的订单来贴现还是选用现金交货的订单？

在这种情况下，应该将有账期的订单进行贴现，用贴现后能收到的现金作为这张订单的销售额，再与现金交货的订单进行比较。如果是有账期的订单贴现更好、更划算就选择有账期的订单，否则选用现金交货的订单。

 23. 企业急需现金，是多打广告费拿零账期的现金订单还是少打广告费？

企业急需用的现金，不建议靠多打广告费拿零账期的现金订单来实现。一般来说，广告费用打得多的企业并不先选现金交货的订单，因为现金交货的订单一般销售额都比较低，有时还不如拿销售额大有账期的订单来进行贴现，因此，想拿现金交货的订单并不要多打广告，而是在现有的广告策略上尽量争取。另外，多打的广告费还得立即用现金支付，使现金短缺更加雪上加霜。

 24. 如果订单毛利率低，产能又没法跟上市场的需求，是否选本订单？

不建议选订单，因为市场的需求大于供给，企业完全可以先将产品库存，参加明年的订单选择，尽管这样会使得产品的交货期推迟一个季度（对账款的收回，现金流的影响不大），但却获得了更高的价格。除非，选择该订单会使得企业的所有者权益跨过一个额度，给企业的财务融资带来很大的便利。

3.4 生产板块

企业的生产要与市场需求、企业发展战略一致。产品的研发和产品组合应与市场需求和企业整体发展战略相匹配。生产总监按照企业的发展战略规划确定投资产能大、效率高的生产线，同时，生产线的建成也要与产品研发同步。在开始生产前，应制定合理的产销排程计划，以配合资金回流的需要。此外，生产总监要结合市场、财务、原材料等综合情况，预计下一年的产能和费用，以配合其他职务的需要。

 1. 应该怎样安排企业的生产？

第一，应该多安排生产市场需求量大、利润高的产品；第二，应该按照财务的要求尽可能地满足其对产品交货时期，从而收货款收回账期调节的需要；第三，在产品库存时，应多考虑生产直接成本较低的产品。

 2. 产能该怎样计算？

产能应该根据生产线的条数来进行计算，全自动和柔性生产线如果年初有在线上生产的产品，一年可以下线四个产品销售，半自动每年可下线两个产品销售，手工生产线年初线上生产的产品在第三个周期的可下线两个产品销售，否则只能下线一个产品销售。全部加总就得到企业的产能。

3. 交货有季节性限制时产能该怎样计算？

应该计算统计出各季度可以提供销售的数量，第一季度可提供销售的数量是季度初库存的数量与本季度下线的数量之和，其他季度可提供销售的数量为上一季度可提供的销售数量与本季度下线的数量之和。

4. 怎样计算其他组的产能？

计算其他组的产能主要是根据他们所拥有的生产线、产品库存和原材料订购情况。首先，根据生产线种类，计算各产品数量。分别为手工生产线一年下线1个产品，半自动生产线1~2个，全自动生产线4个产品，柔性生产线4个产品。其次，将库存积压产品，也算在产能内。第三，考虑原材料的订购。在计算手工线和柔性生产线可能随时转产的情况时，因为原材料需要提前一期到两期订购，可根据原材料库已经订购的原材料数量进行估算，以预计可转产的产品种类及数量。

5. 产品有积压时是否该停产？

即使产品有积压，也不建议停产。沙盘训练中，一般是前几年市场需求较小，后几年较大。所以，制订生产计划要有长远眼光。在有产品积压的情况下，如果财务能力允许，应该继续生产，在后几年较大的市场中，仍然有机会卖出全部产品。当然，在运营过程中，应当尽量减少库存积压，尽量销售当年生产的产品，避免占压过多的资金。

6. 怎样计算柔性线的产能？

柔性线一年可生产四个产品，第一季度下线的产品已经确定，第二、三季度下线的产品可以根据原材料的订购情况进行计算统计，只要有原材料，可以进行上线生产的产品都有可能，第四季度所有的产品都有可能。需要强调的是如果确定了某一季度什么产品后，其他产品也就不可能有了。

7. 应该投资什么样的生产线？

一般情况下，生产线的投资主要是以全自动生产线为主、柔性线为辅的投资思路，同时，柔性线还应该在最初几年进行时投资。但在第五年末、第六年初为了企业的加分有可能会选用半自动和手工线的投资。

8. 生产线是否越多越好？

生产线并不是越多越好，生产线的多少最好使其产能与市场的需求相匹配、达到企业销售的需要。生产线多不但需要多的投资，同时还造成产品的积压和库存，使企业的流动性减弱，同时也给财务带来极大的困难；但生产线少又不能满足市场销售的需要，也就不能为企业实现更多的利润。

9. 半自动线是否值得上？

半自动生产线不建议购买，因为与全自动生产线相比，其产能是全自动的一半，但他们却占用着同样的厂房空间，支付相等的维护费用，投资和折旧费用也都高于全自动的一半；和柔性生产线相比，其产能也是柔性线的一半，但却也占用着同样的厂房空间，交同样多的维护费用，折旧费用也都高于柔性线的一半，尽管投资少于柔性线的一半，但却不能自动转产。因此，上半自动生产线不如上全自动生产线或者柔性生产线。

 10. 半全自动线是否值得转产？

半自动生产线和全自动生产线都不建议转产，这些生产线的转产不但需要花高昂的转产费还有转产时间，使得这一段时间不能够进行产品的生产。即使转产后生产出来的产品多赚回来的利润也很难超过转产费用和停止生产那一段时间的损失之和。

 11. 生产线该怎样扩张，才能既保证产能又不造成闲置浪费？

生产线的扩张应该结合市场的需求，与市场的需求及本企业的销售能力相一致，不要造成过量的库存，也不要使得产能跟不上市场及销售的需要。但在需求增长快而投资跟不上的年度，可以在有投资能力的上一年进行多投资，生产出一定的库存满足此后年度增长的需要。

 12. 怎样灵活应用手工线和柔性线的灵活性？

要实现手工线和柔性线的灵活性，第一，采购到能实现随时转产的原材料；第二，要用这些生产线多生产市场需求量大、利润高的产品；第三，要尽可能地满足财务对产品交货时间的要求，从而达到对应收货款账期调节的需要。

 13. 该怎样利用已有的手工生产线？

手工生产线一般都要被效率高的全自动生产线和柔性线所替代，但在手工生产线还没有淘汰时，第一，应充分利用它生产、不让其停产；第二，很好地利用其可随时转产的特点；第三，利用它和其他生产线对产品生产时间进行调节、以实现交货时期的变更、最终达到调整应收账款账期的作用。

 14. 手工生产线该什么时候淘汰？

手工生产线最好在每年年末即第四季度淘汰，这样，淘汰的生产线得到了全年的生产，但不需要交维护费用。当然，为了其他生产线投资及财务融资的需要，也有可能不等到第四季度就得淘汰了。

 15. 柔性生产线的灵活性能带来哪些好处？

柔性生产线有以下几点好处，①可以依市场的需求，选择市场需求量大、利润空间高的产品进行生产；②可以给市场选择很宽的灵活性；③可以通过财务的要求进行生产调节，满足财务尽快收回应收款项的需要。

 16. 柔性生产线该在哪一年哪一季度上？

柔性线的建设时期为四个季度，对柔性线的投资建设最好在第一年的第一季度就开始进行，这样第二年年初柔性线就可以开始生产，既在不需要计提折旧的一年实现全年生产，也能够在更多的年数得到柔性线随时转产的好处。

 17. 后几年现金短缺时，是否应该变卖生产线？

不建议变卖生产线，生产线是企业发展的生命，只有生产出产品并实现其销售才能使得企业得以发展壮大，变卖生产线容易，可要想再投资就花上几倍的代价了，还得花将近一年的时间。为了缓解现金短缺的问题，建议宁愿用应收账款、需卖厂房等进行贴现，宁愿停止企业的其他投资，也不选用变卖生产线。

3.5 采购板块

采购是企业生产的首要环节。企业的原材料的采购涉及两个环节，签订采购合同和按合同收料。签订采购合同要注意提前期。采购总监应实现对企业采购活动执行过程中的科学管理，分析各种物资供应的合适时间点，采购合适的品种和数量，为企业生产做好后勤保障。

 1. 采购原材料有哪些技巧？

采购原材料可以按以下的思路进行，原材料采购一般是在参加订货会，拿到订单确定本年的生产后进行，由本年的生产方案就可以确定本年各季度需要上线生产的各种产品数量，同样，还得预计下一年前两个季度需要上线生产的各种产品数量，在做这一预计时，应该先确定所有全自动生产线需要上线生产的各种产品数量，再依据市场对各种产品的需求及各种产品的毛利润来预计将要生产哪种产品，从而再根据这些确定各季度需要上线生产产品的数量，计算出该季度上线生产需要的各种原材料数量，再将这些原材料的数量按各自需要的提前订货期向前移动相应的季度，最后第一个季度的订购量减去已经订购的或者库存的原材料数量，以及在财务比较富足时，对订购的原材料用于下一年柔性线和手工线生产的可以适当地多订，使下一年柔性线和手工线可选择生产产品的空间更广，这样得到的就是这一年的采购订货情况。

 2. 怎样控制原材料的采购数量？

控制原材料的采购数量其实就是要限制库存的数量，为了满足柔性线和手工线的随时转产，允许企业出现原材料库存，但只应出现在每一年前两季度。对于提前一期采购的原材料应只在每一年的第一季度库存，提前两期采购的原材料应该只在每一年的前两个季度库存，在其他的季度这些原材料都应做到零库存。但如果确实其他的季度有原材料库存，这时除非这一库存的季度没有这种原材料的入库，否则就是采购没有实现原材料的控制。

 3. 采购怎样和生产协调一致？

采购是生产的前提，生产是采购的实现，两者只有相互协调一致才能实现共同的目标。生产总监只有监督好原材料的采购，才能保证生产的正常进行；采购总监只有预计好企业的生产才能做好采购，生产人员在预计生产时考虑了市场和财务，多安排生产市场需求量大、利润空间高的产品,同时也按财务对现金流的需要安排生产,以实现财务对不同时期收回货款的需要。

 4. 采购柔性线和手工线的原材料时,怎样和市场的目标一致?

市场总监希望销售需求量大、利润空间高的产品,同时还希望选单时有更多的灵活度。在订购原材料时,为了尽可能地满足市场总监的这一需要,采购总监应按需求量大、利润空间大的产品来订原材料,并在财务允许的范围内适当地多订购一些原材料,尽可能地增大生产的灵活度,即给予市场总监更大的选单灵活性。

 5. 怎样做好柔性线和手工线的随时转产,让市场的灵活性最高?

为了让市场总监选单时的灵活度更高,采购总监订购原材料应该在财务的允许范围内尽可能地满足所有产品生产的需要,同时尽量降低原材料的库存。

 6. 采购柔性线和手工线的原材料时怎样考虑财务的现金流?

在现金允许的情况下,订购这些生产线所需要的原材料可以按产品来确定;现金流比较困难时,可按市场的需求依据最有可能需要生产的产品的原材料进行订购。

 7. 提前一期与提前两期采购的原材料对手工线和柔性线随时转产的影响?

提前一期采购原材料的摇摆空间更大、更灵活而提前两期的摇摆余地较差;而要使两者的灵活性相同,那提前两期采购原材料造成的库存就会是提前一期的两倍,即它要占用两倍的资金。因此,在财务困难时,应多选择提前一期采购原材料的摇摆。

 8. 可紧急采购原材料时,又该怎样订购原材料以实现随时转产?

原材料订购主要依据企业的财务情况,对于财务比较困难,又可紧急采购原材料时,我们订手工生产线和柔性线生产所需要的原材料,应按需求原材料较少的产品的原材料下订单,同时适量的多下一些非共用的原材料订单,从而实现需要少数原材料的产品的随时转产。但如果要生产其他没有订购原材料的产品,可以在拿到订单确定生产该种产品后再紧急补购。

 9. 第五年末该怎样定原材料以满足最后一年可能上手工线的需求?

由于第六年不需要考虑下一年的还贷压力,第六年初可以全额借款,在订购第六年第一季度的原材料时可按厂房的空间数量来下原材料订单,最多可按 10 条生产线来下订单。如果依据财务确实没有能力,可将已生产过产品的生产线停产,用其在刚投资的新生产线上进行生产。

 10. 新上的生产线该怎样订相应的原材料?

对于手工沙盘来说,在投资新生产线时并不需要确定其建成后生产哪种产品,可以在建成后再确定,即原材料的订购也有一定灵活性。所以,可依据市场需求,在财务的许可范围内,订购的原材料应该尽可能地满足新生产线可随意生产不同种产品的需要。但对于计算机操作的沙盘,需要在投资新生产线时就确定该生产线建成后生产哪种产品,因此其原材料的采购同全自动的一样。

 11. 最后一年该怎样订原材料？

最后一年的原材料可以按拿到的订单，计算出各种产品的销售量，再由这些数量计算出这些产品所需要的各种原材料数量，最后用这些数量减去企业库存着的、在线生产产品的以及已下订单还没有入库的相对应的原材料数量就得出第六年需要再订购的原材料数量，然后将这些数量一次性进行订购。

 12. 如何做到原材料零库存？

要做到原材料采购零库存，就需要采购总监和生产总监甚至还有销售总监默契地配合。ERP沙盘的宗旨就是需求决定生产，生产决定采购。年初，根据市场总监拿到的销售订单，生产总监和采购总监就要核算出每季度正常生产所需的各种原材料的数量，而后采购总监就根据各种原材料的订货提前期填列订货单，如此就能实现原材料的零库存，为企业减少大量的资金占用，提高了资金利用率。

对于4种原材料及两种不同的订货期（提前一个季度和提前两个季度）来说，要想实现原材料的零库存并不困难。首先，应该计算出每一季度准确的需要上线生产的各产品的数量；其次，应依据这一数量计算出每一季度上线生产需要的各种原材料的数量；最后，将提前采购一个季度、两个季度的原材料的数量分别往前移动一个季度或两个季度就得到各季度的采购量，这样采购就能实现企业原材料的零库存。

 13. 怎样利用企业储存的无成本好处？

库存无成本的好处，主要是针对手工线和柔性线的随时转变而言的，要实现这些线的随时转产就需要多订购原材料，多订购原材料就会造成库存，库存就需要考虑库存费用，但由于在沙盘训练中库房使用无成本，因此，我们可以为了实现随时转变，适量的库存一些原材料。

 14. 零库存真的就完美吗？

零库存并不一定完美，第一，零库存不能实现柔性线和手工线生产上的随时转变；第二，零库存不能给市场销售灵活度；第三，零库存不能让财务总监调节产品的交货时期，以实现财务对现金流的需要；第四，没有充分利用原材料库房零费用的好处等。

在有手工生产线和柔性生产线存在的情况下，库存要适当地多一些，具体是哪种原材料多一些视产品的不同而异，这样可以使市场总监抢单时的选择余地更大。

3.6 团队板块

在艰苦的创业道路上，团队是创业成败的关键。但是团队的建设并不是一件简单的事情，它需要每个成员之间建立一种亲密默契的关系。其中领导者是一个重要的角色。作为一个组织的领导者，在影响他人以实现预期目标的过程中起着指导、协调和激励的作用。在管理过程中，由于组织成员在能力、态度、性格、地位等方面存在差异，加上各种外部因素的干扰，不可避免地出现思想上的分歧和行动上的偏离，因此，需要领导者来协调人们之间的关系，朝着共同的目标前进。

 1. 如何创造并维护成员间的良好氛围？

  良好的氛围对于一个团队来说就好比肥沃的土质对于大树，而成员间关系紧张的团队要想取得好成绩无异于在盐碱地上种水稻。一个团结融洽、互帮互助、充满关心与爱护的团队是取得胜利的必要条件。要创造并维护一个良好氛围，方法主要有以下几点。

  ① 沟通。队伍组建伊始，每位成员就应迅速融入组织，积极与队友交流，交流内容不仅限于比赛心得还应该包括各种感想，充分地沟通是消除隔阂、促进理解、巩固友谊的有效工具，有任何意见和建议应该在团队中公开说明，不要背地里议论其他队员。

  ② 待人要诚恳、正直。

  ③ 队友之间要互相关心，互相帮助。

 2. 如何正视小组成员的意见和冲突？

  任何组织都会有一定的冲突，没有冲突这个组织就没有生命力，不会有创新。但过于激烈的冲突也会对组织造成破坏。在管理中，如何去把握组织内部的冲突也是一种艺术，能够用好冲突这个工具是构建与维护一个和谐融洽的团队所必不可少的。

  在正式比赛中用友公司往往在比赛的前一天晚上才发放比赛规则和初始状态，因此各参赛队只有一晚上时间来讨论，在激烈的讨论中各种各样的想法层出不穷，很多不同的意见会碰撞，甚至会有针锋相对的意见出现，双方各执一词。如此下去，很有可能会爆发更严重的冲突，作为小组的协调者应该怎么办？

  队员们的出发点都是为了自己的企业经营得更好，这是不容置疑的。大家讨论甚至争论也是正常的而且是非常提倡的，相反，万马齐喑和一言堂是不可取的。但是讨论的内容和激烈程度应该控制在一定的范围内。争论的内容应该只限于比赛内容，绝对不能涉及个人，争论的激烈程度也应加以控制，场面太火爆了头脑就容易失去理智。

 3. CEO 如何修炼自己的领导力？

  领导者是处在特殊位置上的人，必须在工作和生活中率先垂范，做出榜样。领导是由权力派生而来的。领导者要能够运用其所拥有的权力，以一定的方式对他人形成影响。那么，就包含法定权力、奖赏权力、强制权力、专家权力、感召力和参考权力。

  《论语》有云："惠，则足以使人"，意思是你对下属有恩惠，就能使他们甘愿为你工作。

  领导力的来源有三：第一，职位权力。在其位，司其职，谋其政；第二，能力权力（权威），由领导者自身的业务或学术能力决定；第三，道德权利（体恤下属），来自于领导者对下属的关心爱护。

  一般来说好的领导靠的不是他的职位权力，这种权力依靠其所处的职位，仅仅有这种权力会让下属口服心不服。好的领导者一般都会有较强的业务或学术能力，由此而来的能力权力会在组织中起到模范表率作用，从而使下属佩服。领导最重要也是最有效的领导力来源是道德权力，一个关心下属充分体恤下属的领导占领了道德高地，令属下无不怀有感激、感恩之心，这时一声令下，必定赴汤蹈火在所不辞。因此，首先要了解员工的需要，使组织目标转化为个人目标，公正地对待每一个下属。战国时期赵国名将李牧亲自为受伤的兵士吸出脓血，一个领导只有能够"下"（体恤下属），方能成其"上"（领导力）。能上能下方显领导本色。

 4. 每位成员在做好自己本职工作的同时，是否还应同时具备某些其他岗位的基本技能？

前面提到过职位组合的观点，五个职位各自的工作各有特点，然而他们之间存在关联制约关系，这种关系可以借用如图 3.4 现金流和图 3.5 物流所示的概念来体现。

在现金流和物流两条企业的生命线上，相邻两个结点应该互相了解。在现金流上，市场总监应了解财务现状，财务账目上现金是否紧张，年初是否需要拿大单来贴现，还是抢毛利大的单来提高权益；又如，生产费用、生产线建设所需资金，生产总监应及时报给财务，财务对生产情况也要有所了解。

在物流上，市场总监应该知道怎样算产能，对自己的产能、柔性生产情况要一清二楚，对主要竞争对手的产能也要了解，在抢单时才能游刃有余；生产和采购总监对对方的工作要知根知底，由于这两项工作关联制约性最强，这两位总监对对方的工作要达到能够取而代之而企业不受丝毫影响的程度。

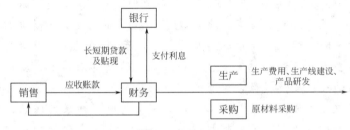

图 3.4 现金流

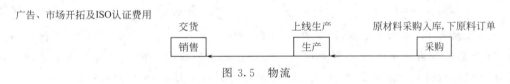

图 3.5 物流

在两条生命线上没有看到 CEO 的位置，但这并不意味着 CEO 可以当甩手掌柜，CEO 虽然不分管任何工作，但却得对企业的任何工作都了解一些，尤其是要掌握企业的发展方向，确定企业的战略目标，否则就不能进行全局把握和全盘监控。对财务尤其要了解，因为企业是为利润而存在的，CEO 对财务报表上的数字不敏感就不是一个合格的企业家。

 5. 怎样做到相互协助相互监督，让错误率降到最低？

第一重要组合：生产总监与采购总监。采购总监筛选原料订单的依据是生产总监所预算出的原料需求，而原料的采购又是稳定生产的前提。这是一条环环相扣的锁链，假如这两位总监一次配合不好导致原料积压过多或停工待料，就会造成占用资金甚至更严重的订单违约。尤其是在本企业购置柔性线后，频繁的柔性产品变动更是对这一组合的一种考验。

第二重要组合：财务总监与 X，X 可以是任何一位熟悉财务报表的成员，以便在年末单独填列一份报表与财务总监对账，核查错误。首先我们推荐 X 为 CEO，因为 CEO 带领团队进行年度的每一步运营，对每一笔支出和每笔收入都很清楚，由 CEO 担此任务最合适不过，另外，熟悉财务报表是每位 CEO 的必修课，参与企业报表的填列与制作能加深 CEO 对本企业的深入了解，从而提高 CEO 的全局把握能力。

第三重要组合：市场总监与 CEO。每年度广告的投放要由全组讨论商议，市场总监是主角，在其填好广告表后要交由 CEO 审核，CEO 检查后才可交表，以杜绝一些填表过程中的疏漏。

6. 运营出现严重失误或遭受重大挫折，怎样稳定心态，重整旗鼓？

学会用积极的心态去面对每一个问题。俗话说："三个臭皮匠，顶个诸葛亮。"五名优秀的队员至少也相当于三个孔明组成的智囊团，但"智者千虑，必有一失"，比赛形式千差万别，犹如战场风云瞬息万变，稍有不慎，就有可能棋失一招，一招失误可能对整体局势的影响非常巨大，有时会大到让企业的竞争优势瞬间荡然无存甚至面临破产威胁。这种情况，企业运营的时候应当尽量避免，但万一遇到了也不能被其吓倒，退缩不前甚至轻言放弃。

> 2007 年 5 月上海比赛的时候，北京化工大学代表队在第三年填写市场广告表的时候误把 P4 的广告全部填在了 P3 一栏，而 P3 产品他们没有研发，导致在资金本来就很紧张的第三年花了一笔很大的广告费却没有拿到一张 P4 的订单，形势非常严峻。队员们面临着要出局的危险，这次失误市场总监要负主要责任，CEO 有监督失职之责。事情刚发生后，两位当事人虽都承担了责任，但队员们的心情落到了谷底，认为比赛没有可能赢了，消极的气氛慢慢扩散，笼罩大家，让队员们甚至萌生了放弃的念头。尽管如此大家并没有追究责任，而是静下心来，先不去想比赛结果的问题，只是想想还有没有办法把这一局棋盘活。如果能够把这个难题挑战成功，同学们也有收获，从某种意义上说会有更大的收获。
>
> 在这种理念下，队员们想出了解决的办法，非但没有停产 P4，还保证了本年底权益为正且只有 1，如此的精确，如此的恰到好处。下一年，队员们将第三年积压的所有 P4 产品连带当年生产的全部卖掉，成功地摆脱了困顿的局面，队员们最终虽与冠军无缘，但面对这样的挑战，不言放弃，勇于接受，并取得成功，也算不虚此行了。

如此看来，在重大挫折面前，不自暴自弃，不互相抱怨，不互相推诿，团结一致，积极思考解决方法，克服困难是最重要的，而任何责任的追究，以及消极的情绪都是不可取的，这些只会让队伍在泥潭里越陷越深，以至不能自拔。

第4章 "商战实践平台"经营

4.1 "商战实践平台"简介

企业模拟经营分为基于过程和基于决策两类,前者以"商战实践平台"为代表,后者以"GMC"和"商道"为代表。前者侧重于经营过程、模拟情景,适用于没有企业经验的大中专学生;后者更注重对诸多决策变量进行分析,适用于有企业经验的 MBA 学生或社会人士。前者的核心是模拟企业经营场景并对经营过程进行合理的控制;后者的核心是对经营变量进行数学建模。总体看来,前者是一个白箱博弈的过程,后者是一个黑箱博弈的过程。对于没有企业经验的学生而言,首先是获得经营管理方面的感性认识,并在此基础之上,在一步步决策的过程中获取管理方面的知识。

"商战实践平台"是继"创业者"企业模拟经营系统之后的新一代模拟经营类软件。该平台在继承 ERP 沙盘特点的基础上,同时吸收了众多经营类软件的优点。其特点如下:

① 全真模拟企业的经营过程,感受市场竞争氛围,集成选单、多市场同选、竞拍、组间交易等多种市场方式。

② 可自由设置市场订单和经营规则,订单和规则均是一个文件,只要置于对应的目录下就可使用,并可与全国的同行交流规则和订单。

③ 系统采用 B/S 结构设计,内置信息发布功能,可以支持 2~99 个队同时经营。

④ 经营活动全程监控,完整的经营数据记录,财务报表自动核对,经营数据以 Excel 格式导出,使教学管理更轻松。

⑤ 软件自带数据引擎,无须借助外部数据库,省略了繁琐的数据库配置。

⑥ 与实物沙盘兼容,可用于教学,更适用于竞赛。

⑦ 作为每年"新道杯"全国大学生创业设计及沙盘模拟经营大赛的系统平台,被广泛的在各高等院校中使用。

4.2 "商战实践平台"系统的构成

商战实践平台(电子沙盘)系统功能模块包括学员客户端、系统管理端和教师教学端。

1. 学员客户端

(1) 企业信息栏如图 4.1,可以查看到本模拟企业的各项资产状态,财务信息,库存采购信息，开发区信息，研发认证信息，组织结构，人员信息，经营状态和进程。

图 4.1　企业信息栏

（2）营销管理模块如图 4.2，可以进行市场预测、企业营销广告投放、参加订货会、产品销售以及结算。

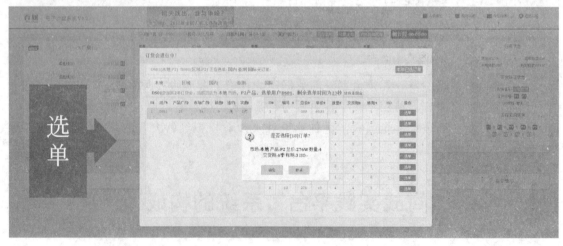

图 4.2　营销管理模块

（3）企业融资模块如图 4.3，主要进行长期贷款申请、短期贷款申请、高利贷申请、应收款贴现等。

 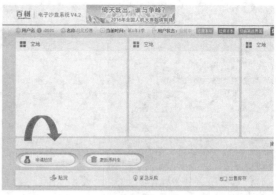

图 4.3　企业融资模块

（4）采购物流模块如图 4.4，可以查看原材料订单、提前采购期、进行原材料入库登记、紧急采购、库存管理、采购核算等。

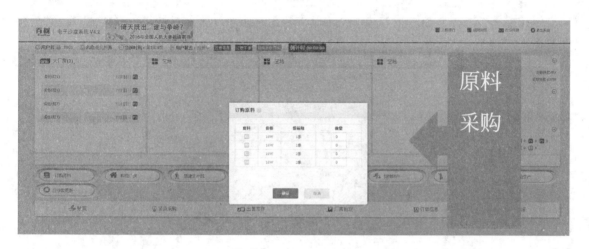

图 4.4　采购物流模块

（5）生产制造模块如图 4.5，主要进行购买/租用厂房、购买/租用生产线、生产线变卖及转产、产品生产排产等。

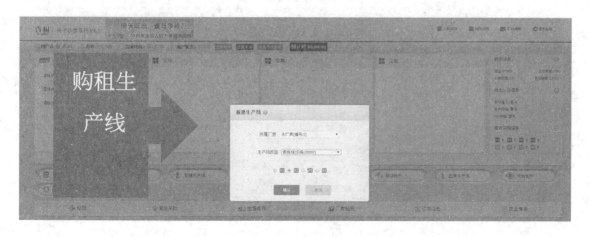

图 4.5

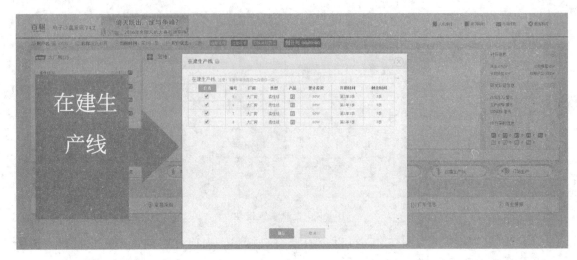

图 4.5　生产制造模块

（6）市场管理模块如图 4.6 所示，可以进行市场预测、市场开拓、ISO 认证、新产品研发、企业间谍等。

图 4.6　市场管理模块

（7）财务运营模块如图 4.7，可以进行现金盘点、应收款/应付款管理、日常运营费用、销售成本结算，查看并填制年度损益表、资产负债表等。

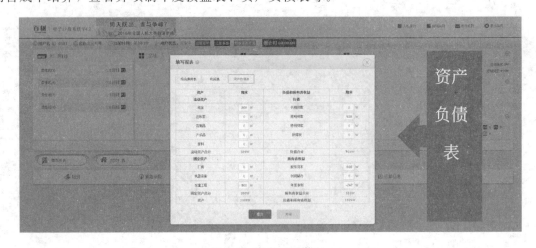

图 4.7　财务运营模块

(8) 规则运营参数模板可以进行企业模拟经营管理查看、参数设置等。

(9) IM 信息系统，学员可以组间信息沟通，也可以给教师发送相关信息。

2. 系统管理端

（1）数据初始化如图 4.8，可以设置培训学员的规模，支持培训组数在 6～99 组，配套有不同组数的市场环境。

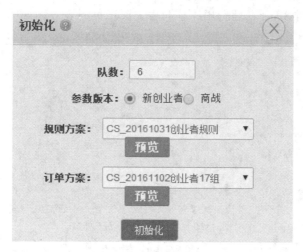

图 4.8 数据初始化

（2）系统参数如图 4.9，可以设置模拟企业运行时的环境参数，如贷款额度、经营时间、选单时间、采购参数等。

图 4.9 系统参数

(3) 数据备份，可以进行系统自动备份和手工备份及数据恢复操作。
(4) 管理员设置，可以添加、修改、删除管理员信息。

3. 教师教学端

（1）用户列表，随时查看和修改模拟企业的状态、增减模拟企业股本，还原模拟企业操作数据等功能，和贷款信息、应收款信息、订单信息、采购，生产设备等各项数据和纵向（每年）各种报表，包括综合管理费用、利润表、资产负债表等。如图4.10所示。

图4.10 教师教学端用户列表

（2）排行榜，用来查看模拟企业经营的及时排名状态。
（3）选单管理如图4.11，可以查看各组投放广告状况。
（4）竞单管理可以查看各组竞单的情况。
（5）经营分析如图4.12，具有数据分析功能，从不同角度和侧面进行模拟企业数据加工和分析对比，得出杜邦分析各项结果。

图4.11 选单管理

图4.12 经营分析

（6）订单详情如图4.13，可以组织模拟企业选单操作和订单信息。

订单编号	类型	年份	市场	产品	数量	总价	交货期	账期	ISO	所属用户	状态
1	选单	2	本地	P1	1	56	2	0	-	-	-
2	选单	2	本地	P1	6	308	3	2	-	DS03	未交
3	选单	2	本地	P1	3	150	4	3	-	-	-
4	选单	2	本地	P1	4	196	1	2	-	-	-
5	选单	2	本地	P1	5	240	3	3	-	-	-
6	选单	2	本地	P1	3	162	3	2	-	-	-
7	选单	2	本地	P1	1	48	4	2	-	-	-
8	选单	2	本地	P1	2	99	3	1	-	-	-
9	选单	2	本地	P1	4	189	4	2	-	-	-
10	选单	2	本地	P1	2	104	2	0	-	-	-
11	选单	2	本地	P2	3	208	3	1	-	-	-
12	选单	2	本地	P2	2	141	3	2	-	-	-
13	选单	2	本地	P2	1	73	3	2	-	-	-
14	选单	2	本地	P2	4	273	3	1	-	-	-
15	选单	2	本地	P2	3	214	5	2	-	-	-
16	选单	2	本地	P2	2	137	4	2	-	-	-

图 4.13 订单详情

（7）组间交易如图 4.14，主要进行模拟企业间有交易行为的操作。

（8）公共信息如图 4.15，可以查看每年模拟企业横向（组和组之间）的报表数据，如管理费用表、利润表、资产负债表、广告投放表，导出表功能等。

图 4.14 组间交易

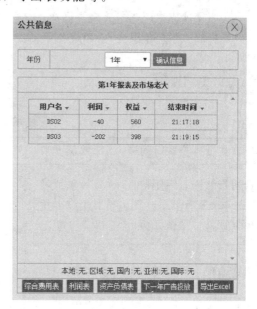

图 4.15 公共信息

4.3 "商战实践平台"的经营规则

"商战实践平台"的经营规则分为九大部分,表 4.1～表 4.8 列举了各部分规则的情况。

1. 生产线

表 4.1 生产线

名称	投资总额/W	每季投资额/W	安装周期/季	生产周期/季	总转产费用/W	转产周期/季	维修费/(W/年)	残值/W	折旧费/W	折旧时间/年	分值/分
超级手工线	40	40	0	2	0	0	8	8	8	5	4
柔性租赁线	0	0	0	1	0	0	85	−100	0	0	0
自动线	150	50	3	1	20	1	20	30	30	5	8
柔性线	200	50	4	1	0	0	20	40	40	5	10

生产线的经营规则:
① 安装周期为 0,表示即买即用。
② 计算投资总额时,若安装周期为 0,则按 1 算。
③ 不论何时出售生产线,价格为残值,净值与残值之差计入损失。
④ 只有空闲的生产线方可转产。
⑤ 当年建成生产线需要交维修费。
⑥ 折旧(平均年限法):建成当年不提折旧。

2. 融资

表 4.2 融资方式

贷款类型	贷款时间	贷款额度	年息	还款方式	备注
长期贷款	每年年初	所有长短贷之和不超过上年权益 3 倍	10.0%	年初付息,到期还本	不小于 10W
短贷贷款	每季度初		5.0%	到期一次还本付息	
资金贴现	任何时间	视应收款额	1 季,2 季:10.0% 3 季,4 季:12.5%	变现时贴息	贴现各账期分开核算,分开计息
库存拍卖		100.0%(产品)80.0%(原料)			

3. 厂房

表 4.3　厂房

名称	购买价格/W	租金/(W/年)	出售价格/W	容量/条	分值/分
大厂房	400	40	400	5	10
小厂房	180	18	180	2	7
中厂房	260	26	260	3	8

厂房的经营规则：

① 厂房出售得到 4 个账期的应收款，紧急情况下可厂房贴现，直接得到现金。

② 厂房租入后，一年后可作租转买、退租等处理，续租系统自动处理。

4. 市场开拓

表 4.4　市场开拓

名称	开发费/(W/年)	开发时间/年	分值/分
本地	10	1	7
区域	10	1	7
国内	10	2	8
亚洲	10	3	9
国际	10	4	10

市场开拓的经营规则：

① 开发费用按开发时间在年末支付，不允许加速投资，但可以中断投资。

② 市场开发完成后，领取相应的市场准入证。

5. ISO 资格认证

表 4.5　ISO 资格认证

名称	开发费/(W/年)	开发时间/年	分值/分
ISO 9000	10	2	8
ISO 14000	15	2	10

ISO 资格认证的经营规则：

1. 开发费用在年末支付，不允许加速投资，但可以中断投资。

2. 开发完成后，领取相应的资格证。

6. 产品研发

表 4.6 产品研发

名称	开发费/(W/季)	开发时间/季	加工费/W	直接成本/W	分值/分	产品组成		
P1	7	3	10	20	7	R4*1		
P2	10	3	10	30	8	R2*1	R3*1	
P3	10	4	10	40	9	R1*1	R3*1	R4*1
P4	11	5	10	50	10	P1*1	R2*1	R4*1
P5	13	5	10	60	11	P2*1	R1*1	R3*1

产品研发的经营规则：

开发费用在季末支付，不允许加速投资，但可以中断投资。

7. 原料设置

表 4.7 原料设置

名称	购买单价/W	提前期/季	名称	购买单价/W	提前期/季
R1	10	1	R3	10	2
R2	10	1	R4	10	2

8. 其他说明

① 紧急采购，付款即到货，原材料价格为直接成本的 2 倍；成品价格为直接成本的 3 倍。

② 选单规则：上年本市场销售额最高（无违约）优先；其次看本市场本产品广告额；再看本市场广告总额；再看市场销售排名；如仍无法决定，先投广告者先选单。

③ 破产标准：现金断流或权益为负。

④ 第一年无订单。

⑤ 交单可提前，不可推后，违约收回订单。

⑥ 违约金扣除——四舍五入；库存拍卖所得现金——向下取整；贴现费用——向上取整；扣税——四舍五入；长短贷利息——四舍五入。

⑦ 库存折价拍价，生产线变卖，紧急采购，订单违约记入损失。

⑧ 排行榜记分标准：总成绩＝所有者权益×(1＋企业综合发展潜力/100)；企业综合发展潜力＝市场资格分值＋ISO资格分值＋生产资格分值＋厂房分值＋各条生产线分值；生产线建成（包括转产）即加分，无须生产出产品，也无须有在制品。

9. 重要参数

表 4.8　重要参数

违约金比例	20.0%	贷款额倍数	3 倍
产品折价率	100.0%	原料折价率	80.0%
长贷利率	10.0%	短贷利率	5.0%
1,2 期贴现率	10.0%	3,4 期贴现率	12.5%
初始现金	600W	管理费	10W
信息费	1W	所得税率	25.0%
最大长贷年限	5 年	最小得单广告额	10W
原料紧急采购倍数	2 倍	产品紧急采购倍数	3 倍
选单时间	45 秒	首位选单补时	15 秒
市场同开数量	2	市场老大	无
竞单时间	90 秒	竞单同竞数	3
最大厂房数量	4 个		

4.4 "商战实践平台"系统与"创业者电子沙盘"的比较

"商战实践平台"是继"创业者电子沙盘"系统之后的新一代模拟经营类软件。该平台在继承 ERP 沙盘特点的基础之上，同时吸收了众多经营类软件特点。"商战实践平台"和"创业者电子沙盘"系统所需要的理论知识是一样的，两者的区别主要体现在规则和系统操作方面，具体如表 4.9 所示：

表 4.9　"商战实践平台"系统与"创业者电子沙盘"的比较

项目	商战	创业者
系统规则	自由设置	限制
货币单位	以万计（一般以 600 起步，也可兼容创业者）	百万级（一般 60 起步）
厂房	自由设置，一般厂房最大数为 4 个，每个厂房可容纳 3—5 条生产线	两个厂房，大厂房可容纳 6 条生产线，小厂房容纳 4 条生产线
生产线	手工、自动、柔性、租赁生产线	手工（与商战手工线不同）、半自动、自动、柔性生产线

续表

项目	商战	创业者
产品	一般产品与复合产品	一般产品
市场	支持多市场同选与招标(竞单)	仅支持单个市场选单
界面	更友好直观	传统
支持企业数	2~99 标准	2~18 标准
财务报表	系统中直接填写报表,系统自动核对	手工填写报表,教师端核对
安装	更方便简单	较复杂

"商战实践平台"和"创业者电子沙盘"系统相比,有了质的变化和飞跃,采用了新的技术平台,系统兼容性、稳定性、开发性以及支持的组数等更多,更完善。商战实践平台更贴近现实,规则、订单可自由设置,支持多市场的同开。但有"创业者"使用经验对"商战"有很大帮助。

第 5 章
比赛案例回顾及分析

5.1 第三届 ERP 沙盘北京赛（创业者手工沙盘）

北京赛的规则同以往比赛的规则在流程上基本相同，投资方面稍有差异，表 5.1～表 5.6 所示为北京赛有关投资和筹资的相关情况。

表 5.1 产品研发

产　品	P2	P3	P4
研发时间/Q	5	5	5
研发投资/M	5	10	15
原料组成	R1+R2	2R2+R3	R2+R3+2R4

表 5.2 ISO 认证

ISO 认证	ISO 9000	ISO 14000
建立时间/年	2	3
所需投资/(M/年)	1	1

表 5.3 生产线投资

生产线	购买价格/M	安装周期/Q	生产周期/Q	转产周期/Q	转产费用/Q	维护费用/(M/年)	出售残值/M
手工线	5	无	3	无	无	1	1
半自动	8	2	2	1	1	1	2
全自动	16	4	1	2	4	1	3
柔性生产线	20	4	1	无	无	1	4

表 5.4 生产线折旧

生产线	第一年/M	第二年/M	第三年/M	第四年/M	第五年/M	残值/M
手工线	0	1	1	1	1	1
半自动	0	2	2	1	1	2
全自动	0	4	3	3	3	3
柔性生产线	0	4	4	4	4	4

表 5.5 市场开拓

市　　场	区域	国内	亚洲	国际
完成时间/年	1	2	3	4
投资规则/(M/年)	1	1	1	1

表 5.6 筹资方式

筹资类型	贷款时间	贷款额度	年息	还款方式
长期贷款	每年年末	长贷额度为权益2倍	10%	年初付息,到期还本
短期贷款	每季度初	短贷额度为权益2倍	5%	到期还本、付息
资金贴现	任何时间	视应收款额	按应收账款1:6贴现	变现时贴息

总经理：虽然咱们有分工,每人都必须熟知与自己相关的规则,但这还不够,咱们每一个人必须熟悉所有的规则,并将这些规则有效的衔接。可以说,规则的变化,特别是投资和费用的变化,将给我们带来严峻的挑战。对规则的了解和熟悉,能帮助我们很好地利用规则,让规则为我们服务,至少不能被规则左右、束缚,成为其傀儡。

表 5.7 市场预测的转换表　　　　　　　　单位：个

市　　场	年数	第一年	第二年	第三年	第四年	第五年	第六年
本地市场	P1	56	44	37	29	16	12
	P2		26	27	30	30	23
	P3		15	23	30	29	34
	P4				9	21	26
区域市场	P1		21	16	9	9	6
	P2		20	25	23	19	7
	P3		8	11	22	23	27
	P4			7	8	15	24
国内市场	P1			30	21	14	10
	P2			30	32	29	29
	P3			16	24	29	36
	P4				6	16	18
亚洲市场	P1				25	14	10
	P2				32	30	20
	P3				24	34	35
	P4				9	13	30

续表

市　　场	年数	第一年	第二年	第三年	第四年	第五年	第六年
国际市场	P1					36	40
	P2					28	29
	P3					21	17
	P4					15	13
产品小计	P1	56	65	83	84	89	78
	P2		46	82	117	136	108
	P3		23	50	100	136	149
	P4		0	7	32	80	111
总和		56	134	222	333	441	446
平均		4	10	16	24	32	32

市场总监：从表中（表5.7）可以看出，前三年市场需求很小，各组平均能销售的数量过低，将会造成各组的大量库存，企业很难发展。各小组的竞争将变成销售的竞争。

总经理：大家都看到了，这次比赛，规则和市场都有变化。大家有些什么想法，不妨说说。

市场总监：从市场预测来看，前三年确实不好做，但后三年却很好，无论是在市场的总体需求，还是销售价格方面都相当不错，因此，我认为我们前三年应该缓慢进行投资，速度不能过快，在第三年时可以加快投资的步伐，满足市场需求。同时由于高端产品价格较高，毛利率同产品技术含量的高低成正比，所以我们应该多向高端产品发展，这样不但企业供给与市场需求相一致，而且毛利率较高，能够实现企业的发展。

财务总监：当然，我们投资发展的战略要与市场需求高度一致，但就企业的财务能力来说，企业前三年有大量的费用支出，如开拓市场、研发产品、上生产线以及管理费用及财务费用等，将使企业的所有者权益急速下降，融资能力也相应降低，即在资产负债表中右边一栏负债与所有者权益的和也小，左边与之相等的资产就小。若销售不好，就不可能有后三年的大力投资，也就很难实现市场总监说的后三年快速发展。

采购总监：我们的目标是冲进前两名，拿到参加全国赛的入场券。因此，我们必须比其他小组更激进，承担比他们更大的风险。这样我们就得加快投资速度，把每一年都经营好，才能实现目标。

生产总监：只有销售好才能实现企业的发展。因此，我们前三年就得实现比其他小组多的销售量，这就要多生产产品，从而就要多投资生产线。从过去训练及比赛的经验来看，到最后，各小组比的就是产能，哪一组的产能高哪一小组获得胜利的机会就高。当然，我也知道财务上有很大的困难，但不管怎样，我还是觉得应该先考虑生产线的投资。

总经理：大家都认为前三年要多投资，那我们该怎样安排投资呢？

市场总监：既然各位都认为要多上生产线、多销售，那就得多开拓市场，多研发技术含量高的产品，以高新技术和多种类的产品来实现企业的销售。如果多打广告，虽然也可能实现多的销售，但费用高，销售不稳定，因此，我们必须多进行产品研发及市场开拓。

财务总监：我也很希望都能满足你们的这些需要，只有多投资，才会有高回报。但是我们资金不足，融资能力有限，还必须保证生产的正常运营，实际很难两全其美。我们只能把资金投到最需要、效益最好的项目上去，该推迟的推迟，该放弃的放弃。

总经理：对，我们将需要进行的投资项目按重要程度排排序。先投资关键项目，再投资次要的项目，最后投资其他的项目。

生产总监：我同意，至少可以说这是一种解决问题的方法。我认为最主要的是生产线，应该最先考虑生产线的投资，其次是产品的研发，再次就是市场的开拓。

财务总监：这并不是说哪一项目重要。在第一年一条或者两条生产线的投资很重要，但投资第三条生产线就可能没有产品研发重要，甚至可以说没有市场开拓重要，因此，有必要说明在哪一年投资哪一项目并需要投资多少，而不是直接说哪一项目重要，哪一项目就不重要。

市场总监：其实，各项目之间并不是孤立的，而是相互联系、相互影响的，如第一年我们就不能只进行生产线的投资，我们还必须进行产品研发和市场开拓，只有同时进行这几个项目的投资，才能产生最大功效，我们必须权衡利弊进行投资。

采购总监：其实大家都知道这些项目很重要，而且值得投资。我同意上面说的，第一年投资生产线，同时进行市场开拓和产品研发。

财务总监：确实在第一年就有必要进行这三方面的投资，但我们还得依据财务状况合理分配资金，从而保持现金不断流。

总经理：既然大家都认为该全面进行投资，那生产线又该投几条，市场是否应该全部开拓，产品研发又如何选择呢？

生产总监：我觉得市场应该全部进行开拓，首先选择对 P2 产品进行研发，生产线应该投资三条，最好包括两条柔性生产线。对于产品，为了适应市场的需求，降低销售风险，我觉得企业应该不断探索研发高新技术产品，为市场提供技术含量高、种类多的产品。我初步的计划是企业在第二年能生产出 P2 来供市场销售，第三年能生产出 P3 来销售，第四年能生产出 P4 来销售。如果这样，就要求企业在第一年不但要进行 P2 产品的研发，同时还得对 P3 进行两个周期的研发，在第二年对 P3 进行后四期的研发及对 P4 进行两期的研发。

采购总监：从我们前几次训练来看，企业资金最为困难的是第三年。按市场总监说的，既然在前两年就要将 P2 和 P3 研发完成，那为何不再提前两个周期进行 P3 的研发。提前两期研发并不会使企业前两年的研发费用增加，不会降低企业第二年末的所有者权益，也就不影响企业第三年的融资额度。而所带来的好处是企业在第二年就可以进行 P3 产品的生产并供市场销售，即我们在第二年就有三种产品进行销售，比一般的都只有两种产品进行销售的小组更具有竞争力，不但可以少打广告费，销售量也会超过只有两种产品的小组，同时 P3 产品的毛利高于 P1 和 P2 产品，都为企业增加了利润，也就增加了企业第二年末的所有者权益，相应的增加企业第三年的贷款额度。

财务总监：确实，企业资金最为困难的是在第三年。第一年，年初企业一般会有现金和应收账款共 40M 左右，其他所需要的资金都可以用短期贷款和年末的长期贷款进行融资得到。第二年，企业在第一年年末进行了 70～90M 的长期贷款，同时第二年短期贷款还会有一定的额度。而第三年，由于企业第二年一般还会亏损，企业的短期贷款额度在第三年就会减少，长期贷款已经贷满，没有贷款额度，相反在年末还得还20M。可以说第三年是整个沙盘比赛中最为艰难的一年。像市场总监说的，既然要在第二年年末就完成P3产品的研发，还不如按采购总监说的提前两期进行研发，在第二年就能销售P3的产品。

市场总监：当然企业能够在第二年就生产出P3的产品来销售就更好了，不但可以增加产品的销售量，同时三种产品比两种产品更容易争抢到市场老大的地位，这样我们在第二年就可以考虑争抢市场老大了。

生产总监：大家都认为应该提前两期进行P3产品的研发，也就是说，第二年的第二季度P3产品就研发完成，第三季度就可以进行P3产品的生产，若第四季度能下线销售，就得使用生产周期为一个季度的全自动生产线和柔性生产线。若使用全自动生产线，企业在第二年只能生产出一个产品，第三年就得开始计提折旧，即免提折旧的一年只生产出一个产品，而一般情况第一季度建成开始生产，免提折旧的一年能生产出三个产品。若采用柔性生产线就没有这方面的影响，只是初期需多投资4M，建成的第三年到第五年各多提1M的折旧，但柔性线还可以随时转产。我认为应该多投资柔性生产线。因此，我建议企业在第一年就投资两条柔性生产线。

财务总监：你们的这些投资建议，确实都非常好。我也明白"良性循环"这个道理。只有多投资，才能多生产、多销售，企业也就多获利，所有者权益就会增加，贷款额度也能加大，企业可利用的资金也就越多，从而企业又可以加大投资，实现更多的销售，形成良性循环。但还是一句话，在确保资金不断流，能够维持正常经营的前提下，我会尽最大努力满足大家的需求。

采购总监：既然要投三条生产线，而一般情况，企业的初始状态都会有四条生产线，由于手工生产线的效率低下，在经营发展过程中将逐渐的淘汰，那我想问：我们应该在何时变卖处置手工生产线？

生产总监：手工生产线效率确实低下，而且与效率高的全自动生产线和柔性生产线占用同样的空间，必须被淘汰。但手工生产线已经提足折旧，继续生产不需要计提折旧，若厂房里面有空间，就该让其继续生产，若没有空间就处置掉，投资新的高效率的生产线。我看，年末处置最好。即充分利用了生产线，节约了维护费用，还可以在第二年年初就开始投资新生产线。因此，我计划第一年第一个季度变卖一条生产线，让出空间来投资高效率的生产线，年末再变卖一条生产线，让出空间来给第二年投资生产线做好准备。第二年通过销售情况看权益变化情况，若第二年有可能投资就继续处置，否则就不处置，继续生产，第三年同第二年。

市场总监：好，我完全赞同。

总经理：我小结一下。对主要的投资项目大家意见一致了。第一年五个市场全部开拓；研发P2和P3两种产品；投资两条柔性生产线和一条全自动生产线，变卖两条手工生产线。至于其他事项，我们凭经验吧，ISO认证从第三年开始，长期贷款第一年年末贷满额度，短期贷款根据各年各季度的实际情况进行融资。而以后几年如生产线的投资，P4产品的研发，是否购买或者租用厂房及是否变卖厂房等事项，依据以后各年的实际情况再进行决策。如果没有意见，我们就初步确定采用这一方案吧！

总经理：好，确定方案后，我们来讨论一下第一年广告费的问题。

市场总监：第一年只有一个细分市场，同时供给严重大于需求，估计第一年的广告费总体都会偏高。为了实现前几名的销售量，我提议投入 8M 的广告费。

财务总监：我觉得广告费用可以略低于 8M，因为第一年大家对各小组的广告风格都不了解，这样的话，投入越多的广告费相应的风险就越大，我认为最好投入 4~6M 的广告费，争取实现中等偏上的销售。

生产总监：从以往比赛的经验来看，一般第一年大家的广告费用主要集中在 4~6M，以此我建议投入 6M 广告费，这样广告费用正好是集中范围的上限，能在多数小组之前选择订单，实现中等偏上的销售。

总经理：那就这样，第一年不要冒进。第一年的广告费投 6M，我们一定能拿到好的订单。

第二天开幕式上，总裁判长柯明老师首先介绍了 ERP 沙盘对于开启人们职业生涯的作用，以及过去两届大赛取得的成果；接着宣布了比赛纪律；最后介绍了本次比赛初始状态的设置。随后给大家一刻钟的时间进行战略的选择。

初始状态的设置，不像我们期望的那样，这次给的所有者权益仅为 59M，与过去经验值及我们估计的 60 余 M 值相比，不但权益本身少了几个 M，而且，更重要的是影响了长期贷款的额度 10M，以及后几年短期贷款的额度。另外，机器设备的净值比过去还增加了 6M，这多余的 6M 将直接从折旧费用中耗去。即便是提前变卖，也将是作为费用耗去，同权益的减少一样，不但影响可利用的资金，还极大地影响了企业的长短期贷款额度，使企业的经营更加棘手。

面对残酷的现实，我们发现比赛前一天确定的方案已经不能适应这次比赛了。然而此时，距比赛开始只有不到一刻钟的时间了，时间紧迫，我们只能按既定方案先开始运营，然后见机行事。

比赛开始了，第一项就是打广告，我们采用了之前讨论的 6M 广告策略，等裁判显示出各小组的广告费用时，我们看到我们小组与另外的一个小组并列排第四。前三名分别投了 13M、8M、7M，而排在我们后面的主要集中在 4M 和 5M，个别小组只投了 3M 及以下。最先由投资 13M 的小组选单，但让人感到意外的是这一小组并没有选择最多的 7 个产品的订单，而是选择了一张 6 个产品的订单，将 7 个产品的订单及市场老大的地位拱手让给了排名第二、只投 8M 广告费的小组。排第三的小组也选择了 6 个产品的订单，随后就到我们两个投同样广告费用的小组了。按照规则，同时进行选单，若选的订单不是同一张，各自选自己想要的订单；若是同一张，就得通过抽签来区分选单的顺序，抽到 1 的先选。很幸运我们组总经理抽到了 1，于是选到了自己想要的那张订单，5 个产品销售额为 26M。而另外那个小组也选到了不错的订单，也是 5 个产品，只是销售额为 25M，比争抢的那张订单少一个 M 销售额。

拿到订单后，我们马上开始估算：本年销售毛利为 16M，综合费用为 30M（管理费用 4M、广告费 6M、保养费 2M、市场开拓 4M、其他 2M 及产品研发 12M），折旧费用 5M（3 条手工生产线×1+1 条半自动产线×2），财务费用 4M（40M 长期贷款×10%），企业本年度将亏损 23M，年末的所有者权益将为 36M。初步了解这些情况后，开始进行本年的投资和生产经营。

严格按照确定的方案经营完成第一年，大家对第一年取得的成果都很满意，超额完成了我们最初计划任务。

第一年提示

（1）赛前踩点很重要！

在用友沙盘大赛中，至关重要的一点就是赛前"踩点"。往往比赛未开始，东道主参赛队就已经占很大优势。他们比较熟悉周边的地理环境、人文环境、气候环境等，还可以方便快捷地获取所需的物品。此外，东道主在自家地盘上比赛，自然会有三分傲气，自信心也就提高了。而每支参赛队抵达目的地后，同学们首先就该先探查周边环境，尤其是一定要探查好居住地、比赛场地和用餐地点的周边环境，找到一个最近的路径，方便队伍，赢得时间。

另外，一定要找到最近的药店、便利店、复印店。这次比赛前我们一队员生病，其他同学帮忙找药店，这耽误了大量的时间，也极大地削弱了团队的竞争力。又因为找复印店而使大家疲惫不堪。

如此看来，赛前踩点是必不可少的环节。

（2）清楚计算当年产能。

广告费最高的小组拱手让出销量最大的订单，坐失市场老大的良机是因为没有计算正确第一年的产能。根据初始状态，3条手工线和一条半自动线年生产6个产品加1个库存正好7个产品。而市场竞单只有14张订单，14个小组，没有第二次选单机会的时候，广告费最高的小组就应当选择销量最大的订单，即7个产品，以此抢占本地市场的市场老大。市场老大所能带来的好处是：第一，市场老大第二年在本地市场只需投3M的广告费，就可以拿到最好的订单，同时仍保持市场老大的地位。第二，不仅每年的广告费减少，而且，还能保证一定量的销售额，同时还是长久的。市场老大的作用是跟市场的需求成反比的，需求越小的市场，老大的地位就越重要。可想而知，产能计算失误，是一个非常大的致命伤。

表5.8～表5.10是我们小组第一年的报表。

表5.8 第一年综合管理费用明细表　　　　单位：M

项　　目	金　　额	备　　注		
管理费	4			
广告费	6			
保养费	2			
租金				
转产费				
市场准入开拓	4	区域(√)国内(√)亚洲(√)国际(√)		
ISO资格认证		ISO 9000(　)	ISO 14000(　)	
产品研发	12	P2(4)	P3(8)	P4(　)
其他	2			
合计	30			

表 5.9　第一年利润表　　　　　　　　　　　　　　　　　单位：M

时　期	上年数	本年数	时　期	上年数	本年数
销售收入		26	支付利息前利润		−19
直接成本		10	财务收入/支出		−4
毛利		16	其他收入/支出		
综合费用		30	税前利润		−23
折旧前利润		−14	所得税		
折旧		−5	净利润		−23

表 5.10　第一年资产负债表　　　　　　　　　　　　　　单位：M

资　产	期初数	期末数	负债和所有者权益	期初数	期末数
流动资产：			负债：		
现金	26	74	长期负债	40	110
应收款	7	26	短期负债	0	60
在制品	8	4	应付账款		
成品	2	4	应交税金	1	0
原料	2	0	一年内到期的长期负债		
流动资产合计	45	108	负债合计	41	170
固定资产：			所有者权益：		
土地和建筑	40	40	股东资本	50	50
机器和设备	15	6	利润留存	7	9
在建工程	0	52	年度净利	2	−23
固定资产合计	55	98	所有者权益合计	59	36
资产总计	100	206	负债和所有者权益	100	206

第一年末间谍时间及对策

侦查中我们了解到,很多企业都只投资了两条生产线,将近一半的小组没有投资柔性生产线,只有两个小组跟我们小组一样,在第二年就能生产出 P2 和 P3 两种产品。其他小组要么只研发了一种 P2 产品,要么对 P3 或者 P4 产品进行了研发,在第二年都只能生产出 P1 和 P2 两种产品,即第二年 P3 产品的供给跟不上需求,我们小组能在 P2 和 P3 之间随便选择,只用少量广告费就能销售,同时还有利于争抢市场老大。

了解了整个赛场的情况后,我们对第二年经营充满了信心。打广告时,我们将费用提升到了 12M，其中多数投在 P1 产品上，对 P2 和 P3 两种产品投资较少，在这两种产品中又偏向于 P3 产品。订货会上，我们如期拿到了订单。所有产品可以全部销售，第二年年末将不会有库存，但唯一的遗憾就是没有争抢到市场老大。

第二年财务估算

本年毛利 32M，综合费用 29M（管理费用 4M、广告费 12M、保养费 4M、市场开拓 3M 及产品研发 6M），折旧费用 2M（1 条手工生产线×1+1 条半自动生产线×1），财务费用 14M，企业本年将亏损 13M，年末的所有者权益将为 23M。

财务总监： 本年还亏损 13M，所有者权益将下降到 23M，企业明年不但不能增加借款，反而还要归还长期贷款和短期贷款各 20M，一共 40M 的资金。因此，我们必须得拓宽筹资渠道，我提议变卖大厂房，以缓解第三年资金的紧张。

总经理： 若我们变卖厂房，第二年就得交 5M 的租金，这样企业的所有者权益将下降到 18M，我们的贷款额度又会减少 20M，相应的变卖厂房仅增加了 15M 的资金来源，但却承担 5M 的租金支出，不合算。因此，我认为如果能放弃什么投资将所有者权益增加到 20M 的话，就可以变卖厂房，若不能将所有者权益控制到 20M 就不应该变卖厂房。

生产总监： 要将所有者权益控制到 20M，应该说也不困难，按我们最初的计划，第二年投资研发一期 P4 产品，就花费 3M，直接影响所有者权益 3M。因此，我认为今年不应该进行 P4 产品的研发。而且，P4 产品的研发费用 15M 过高，将极大地减少企业的所有者权益，减少贷款额度，企业资金的来源将更受限制，有必要推迟进行 P4 产品研发。

市场总监： 确实，本来企业的所有者权益就可能变得很低，P4 产品的研发会再次降低所有者权益。但 P4 产品的毛利高，将为企业带来长远的投资效益，我觉得不应该推迟 P4 产品的研发！推迟研发不但没法与生产线的投资同步，还可能在第四年不能生产出 P4 产品销售，影响企业的竞争力。

采购总监： 可以说 P4 产品是最具有竞争力的产品，也将成为影响这次比赛胜负的关键因素。我们绝对得研发 P4 产品，但现在又不是时候，为了增加明年的资金来源，今年得变卖厂房，但变卖厂房后年末所有者权益会减少到 18M，为了将所有者权益控制到 20M，增加企业的贷款额度，应该推迟进行 P4 产品的研发投资，即本年不投资研发 P4 产品。

总经理： 推迟研发就能使所有者权益回到 21M，而且不影响企业的贷款额度。而市场总监说的投资研发不能与生产线投资同步，其实完全不必担心，因为我们有两条柔性生产线，可以实现随时转产。所以应该推迟一期，即今年不进行 P4 产品的研发。

财务总监： 所有者权益控制到了 20M，厂房的变卖也能在第三年收回 40M 的资金，但明年也得还 40M 的资金，企业基本上没有多余的资金进行投资。另外由于第三年市场需求还小，而我们的产能在 15 个产品以上，基本上与市场的需求持平。但第三年大家都能生产出三种产品，我们小组就不像第二年那样有新的产品优势，销售风险很大。因此，我认为今年不应该投资新的生产线，可以将手工生产线保留，明年还能生产两个产品，交完维护费用后企业的所有者权益正好为 20M，不影响贷款额度。

市场总监： 明年将会有折旧费用 14M，仅这一项就比今年多 11M，同时由于明年销售难度大,还不知道明年企业的所有者权益将会有怎样的变化。我同意财务总监的观点,今年不投资新生产线,应该保留手工线。若明年销售好,又有资金,明年再投资生产线也不迟。

总经理: 好了,意见统一了。变卖厂房、P4 产品的研发推迟一期、不投新生产线、保留原手工生产线。我们尽快开始本年的经营吧!

第二年提示

选准时机变卖厂房。

这次比赛规定,厂房变卖后将会拿到 4 账期的应收款 40M,而 5M 的租金费用不管是第几季度变卖的,都将是在年末即第四季度末支付,从而在一年内大家都会尽早变卖厂房,最好是在第一季度。

表 5.11~表 5.13 是第二年的主要报表。

表 5.11 第二年综合管理费用明细表 单位:M

项 目	金 额	备 注		
管理费	4			
广告费	12			
保养费	5			
租金	5			
转产费				
市场准入开拓	3	区域( )国内(√)亚洲(√)国际(√)		
ISO 资格认证		ISO 9000( ) || ISO 14000( )	
产品研发	3	P2(1)	P3(2)	P4( )
其他				
合计	32			

表 5.12 第二年利润表 单位:M

时 期	上年数	本年数	时 期	上年数	本年数
销售收入	26	69	支付利息前利润	−19	−2
直接成本	10	37	财务收入/支出	−4	−14
毛利	16	32	其他收入/支出		
综合费用	30	32	税前利润	−23	−16
折旧前利润	−14	0	所得税		0
折旧	−5	2	净利润	−23	−16

表 5.13 第二年资产负债表   单位：M

资产	期初数	期末数	负债和所有者权益	期初数	期末数
流动资产：			负债：		
现金	74	33	长期负债	110	110
应收款	26	82	短期负债	60	60
在制品	4	15	应付账款		
成品	4	0	应交税金	0	0
原料	0		一年内到期的长期负债		
流动资产合计	108	130	负债合计	170	170
固定资产：			所有者权益：		
土地和建筑	40	0	股东资本	50	50
机器和设备	6	60	利润留存	9	−14
在建工程	52		年度净利	−23	−16
固定资产合计	98	60	所有者权益合计	36	20
资产总计	206	190	负债和所有者权益	206	190

第二年末间谍时间及对策

这次，我们主要是看供求关系、各小组的产品研发及市场开拓情况。各小组投资的生产线集中在 2～4 条，产能基本上都大于市场的需求，半数小组研发出 P2 和 P3 两种产品，少数小组着力研发 P4 产品，多数市场都进行了开拓。从这些方面看，第三年企业的销售难度加大了，市场定位更困难了。于是，我们将广告费用增加到 14M，主打 P2 和 P3 两种产品。订货会后，我们拿到 15 个产品的订单，年末将会有一个产品库存。

第三年财务估算

本年销售实现毛利 65M，综合费用 44M（管理费用 4M、广告费 14M、保养费 4M、租金 5M、市场开拓 3M、ISO 认证 2M 及产品研发 12M），折旧费用 13M（1 条半自动生产线×1＋1 条全自动生产线×4＋2 条柔性生产线×4），财务费用 13M（110M 长期贷款×10%＋40M 短期贷款×5%），企业本年将亏损 5M，年末的所有者权益将为 15M。

生产总监：今年实现毛利这么多，居然还在亏损，我们今年还得放弃部分投资，争取不亏损啊！

财务总监：确实，我们得放弃部分投资，将企业的所有者权益保证到 20M。明年我们还得偿还 20M 的长期贷款，若所有者权益降到 15M，我们还得偿还 20M 的短贷，再说第四年企业经营所需要的资金多。入不敷出！现在企业正常经营都很困难，更别想进行生产线投资了，维持资金周转很艰难！

采购总监：既然所有者权益为 15M，那我们今年就只对 P4 进行两期研发，放弃两期，这样会使企业的所有者权益为 21M，就能实现明年多融资 20M 资金的需要了。因此，我提议减少两期 P4 的研发。

生产总监： 若放弃两期，以最快的速度我们也只能第四年第三个季度才能完成 P4 研发，第四季度才能上线生产，第四年没法生产出 P4 产品，不能进行销售，与只进行一期研发第五年年初就可以生产一样！我觉得要么就推迟三期只进行一期的研发，要么就只推迟一期进行三期研发。

市场总监： 可以推迟 P4 产品的研发，但我认为最好只推迟一期，这样就使企业的所有者权益回到 18M，再从其他的投资项目中节约 2M，就使企业的所有者权益控制在 20M，确保一定的融资额度。

采购总监： 既然说从其他投资项目上节约 2M 资金，而今年的无形资产投资除了产品研发就是市场开拓与 ISO 认证了，因此我们只能从这两项的投资上减少 2M 资金。

生产总监： 两项都是企业发展的基础，真不想减少这些项目的投资，没有市场没法实现销售，没有 ISO 认证又做不好销售，都很重要啊！若真要减少就都减少 1M 吧！

市场总监： 哎！这总比推迟 P4 产品的研发好吧。但也不能简单地说各自就减少一个 1M，需要慎重决策。现在时间紧张，而这两项都是在年末投资。我看，咱们现在还是抓仅时间经营吧。

采购总监： 如果这样，我们就应该考虑是否该进行新的生产线的投资了。

生产总监： 今年我们企业的产能为 16 个产品，跟市场的平均需求一样。但若我们今年不投资生产线，明年的产能反而比今年少，为 15 个产品，与市场的平均需求 24 个相差甚远。因此我强烈要求进行生产线的投资，当然越多越好。

市场总监： 是啊！如果今年还不投资生产线，不但明年产能跟不上，以后到第五、第六年就更没法发展了。因此，不管从长远发展还是市场需求都要求今年进行生产线的投资。

财务总监： 其实在此之前，我就对资金进行了预算，企业有能力投资一条生产线。若是投资两条生产线的话，多投资的那一条由于没有大厂房，企业就得转为租用小厂房，即一条生产线就占用一整个小厂房，不合算。另外，明年企业融不到资，反而还要归还 20M 的长期贷款，而企业的经营费用又在不断地涨，明年的经营风险很大！从这些方面来说，企业最好只投资一条生产线。

总经理： 好，那就依财务总监的，今年投一条生产线。另外年末变卖手工线，明年就有了空间，如果有能力就可投资生产线。

总经理： 除确定以上计划外，经营到第四季度末，再也不能推迟了，必须要对国际市场和 ISO 认证做出选择了。

市场总监： 相对来说 ISO 14000 的订单比 ISO 9000 的订单少，同时后面几年的市场需求都大于市场供给，应该说没有 ISO 14000 的认证，不至于影响企业的销售。因此，企业最先应该放弃的是 ISO 14000。

财务总监： 放弃 ISO 14000 的认证，节约了 1M 的费用，但企业的所有者权益还是 19M，达不到想要实现的目标啊！还可以放弃的就是 ISO 9000 和市场开拓了，既然放弃了一个认证 ISO 14000，那我们也同样的放弃一个市场开拓。当然，最好是放弃开拓时间最长的国际市场了。

采购总监： 我不同意放弃市场开拓，我觉得应该放弃的是 ISO 9000 的认证，认证只有在市场中起到作用，是市场的一个附加值，企业没法进入市场，没有市场的需求，ISO 认证也就没有任何意义。这次市场需求很大，企业没有 ISO 认证，对销售没有影响。因此，我强烈建议放弃 ISO 9000 的认证，而不是放弃市场开拓。

生产总监： 市场固然重要，但没有 ISO 9000 认证，就会显得很被动，而一般情况下要求 ISO 认证的订单毛利都比没要求认证的高。市场第四年就会有 ISO 9000 要求的订单，若我们今年还放弃 ISO 9000 的话，就只能第六年才能用，将很大程度上跟不上市场的节奏。我还是认为放弃国际市场的开拓，选择 ISO 9000 的认证。

采购总监： 我还是坚持我的观点。试问，给你们一个市场和 ISO 认证的选择，你们会选择什么呢？第五年国际市场的订单一定比全部 ISO 认证订单多几倍。况且，到目前为止，有些小组已经进行了 ISO 的认证，而市场呢，由于经营困难，多数组已经停止了对国际市场的开拓；另外，国际市场的价格普遍较高，我觉得还是要开拓国际市场。

总经理： 好了，大家的建议我基本上都听进去了，再争论下去，也不是办法，经过权衡，我决定，开拓市场！

第三年提示

（1）面对两难选择时，作为公司领导者，CEO 的作用就是决定一件事情是做还是不做！

在本年围绕是开拓市场还是进行 ISO 资格认证，大家各持己见争论不休，此时，CEO 除了给各个总监发表意见的机会外，还应该发挥其职能，就是做出最后决策！

（2）生产总监与采购总监通力配合，才可能实现柔性生产线的灵活运用。

值得一提的是，在第三年的经营当中，为了节约财务成本，满足财务总监对应收账款回收期的需要，柔性生产线在每一个季度都进行一次转产、更换不同产品的生产，在这样的情况下，我们的生产总监和采购总监通力合作、配合默契、计算准确，将不可能变成了可能，使我们的竞争力不断增强、企业不断发展壮大。

表 5.14～表 5.16 是第三年末的主要报表。

表 5.14　第三年综合管理费用明细表　　　　　单位：M

项　目	金　额	备　注			
管理费	4				
广告费	14				
保养费	4				
租金	5				
转产费					
市场准入开拓	2	区域（　）国内（　）亚洲（✓）国际（✓）			
ISO 资格认证	0	ISO 9000（　）		ISO 14000（　）	
产品研发	9	P2（　）		P3（　）	P4(9)
其他					
合计	38				

表 5.15 第三年利润表　　　　　　　　　　　　　　单位：M

销售收入	69	113	支付利息前利润	−2	13
直接成本	37	49	财务收入/支出	−14	−13
毛利	32	64	其他收入/支出		
综合费用	32	38	税前利润	−16	0
折旧前利润	0	26	所得税	0	0
折旧	2	−13	净利润	−16	0

表 5.16 第三年资产负债表　　　　　　　　　　　　单位：M

资产	期初数	期末数	负债和所有者权益	期初数	期末数
流动资产：			负债：		
现金	33	45	长期负债	90	70
应收款	82	25	短期负债	60	40
在制品	15	14	应付账款		
成品	0	3	应交税金		0
原料			一年内到期的长期负债	20	20
流动资产合计	130	87	负债合计	170	130
固定资产：			所有者权益：		
土地和建筑	0	0	股东资本	50	50
机器和设备	60	47	利润留存	−14	−30
在建工程		16	年度净利	−16	0
固定资产合计	60	63	所有者权益合计	20	20
资产总计	190	150	负债和所有者权益	190	150

💻 第三年末间谍期间及对策

各小组基本上都变卖了大厂房。

据了解：现在市场的供给跟不上市场的需求，特别是高端产品，需求增长更快。于是我们决定：①要加快高端产品的研发，多生产高端产品；②将广告投资降低到 12M，分散投放。当大家的广告费用都显示在大屏幕上的时候，我们知道我们的广告费策略是正确的。但同时，我们想着多选择毛利高的订单，确实企业选到了不少好订单，但一次次低毛利订单的放弃，导致最后一次选订单时，受到其他小组排挤，我们企业还有 3 个产品没卖出去，造成库存，这才意识到应该先保证销售，再选择毛利高的订单，或者多投几个细分市场，以降低企业的销售风险，这点以后应当注意。

💻 第四年财务估算

由于本年拿的单都是毛利高的，本年销售收入为 126M，实现毛利 73M，综合费用 35M（管理费用 4M、广告费 12M、保养费 5M、租金 5M、市场开拓 1M、ISO 认证 2M 及产品研发 6M），折旧费用 11M（1 条全自动生产线×3＋2 条柔性生产线×4），财务费用 11M（90M 长期短款×10％＋40M 短期贷款×5％），企业本年将盈利 16M，年末的所有者权益将为 36M。

总经理：虽然我们销售额只有 120 余 M，但是我们应该从基础上做到最好，因为还有第五年和第六年等着我们，希望大家能保持信心。

生产总监：虽然我们有三个库存没有销售出去，但是终于实现盈利了，首先，继续进行 P4 产品的研发，在第四季度可以上线生产，并在年末下线交货；第二，开拓国际市场，在明年能进入销售；第三，开始对 ISO 9000 和 ISO 14000 进行认证，ISO 9000 要在第六年能够使用，ISO 14000 要在第六年末能够得到加分。同时，今年应该至少投资一条生产线。

市场总监：我也是强烈要求进行生产线的投资，本年若还不进行投资，不但明年产能跟不上市场的需求，而且不利于以后各年的投资发展，也就不会有胜利的机会。

采购总监：由于我们对三种产品都进行研发，而其他的小组到现在还基本上只进行了两种产品的研发，他们就有多余的能力进行生产线的投资，我们组生产线的投资已经明显慢了，若还不加快脚步，就没有机会追上其他组了。我们得加快生产线的投资。

财务总监：我也很希望企业有能力进行投资，但投资一条生产线，企业资金运营就困难，本年就需要进行贴现，同时年末还只会有个位数的资金库存，明年的广告费用及短期贷款的偿还也都需要进行贴现。因此，可以说企业要么就不投资，要投，最多也就只能投资一条生产线。

总经理：不投资没有机会，投资确实有困难，企业承担的经营风险大，但只要有一点机会我们就不能放过。那今年就投资一条生产线吧！只能是去争取了。谋事在人，成事在天了。

生产总监：我们模拟试运营一次吧，不但能知道各项经营决策如一条生产线的投资是否可以落实到位，还能避免预算时可能发生的失误，也能为明天的经营赢得时间。

财务总监：企业在第三季度资金短缺 2M，必须得放弃第三季度的生产线投资，才能保证正常生产。

生产总监：放弃生产线的投资总比资金断流强。同意放弃第三季度的生产线投资，使企业运转完成。

市场总监：我思考了一下，既然只短缺 2M 的资金，又由于 P2 年末有库存，我们是否可以少生产一个 P2 产品，也就节约 3M 的资金，这样我们就可以进行生产线的投资，而这条新投资的生产线又是用于生产 P4 的产品，明年就可以多生产出一个 P4 产品，且 P4 产品的需求严重大于供给。即用停产一个 P2 产品换回一个 P4 产品，多增加 2~3M 的毛利。

总经理：嗯，这个建议不错，就这样做吧。

📞 第四年提示

（1）按规则完成运营，违规操作不可取。在间谍时间我们小组发现，有的小组自作聪明，对生产线少计提折旧，但是引火烧身，不但逃避不了折旧，还要被裁判罚分。因此，奉劝大家合法经营，按规则做事，不要存在侥幸心理。

（2）适时购买或租用大小厂房，合理利用大小厂房空间。如果财务预算可以购买或租用小厂房，那么小厂房就应该合理的利用。有些小组租用了小厂房，但是里面只有一条新建的生产线，投资了两期，还差两期才能完成。就从现在的状态来看，首先，这两期生产线的投资而租用的小厂房得支付 3M 的租金，并且直接影响了所有者权益，有可能影响企业第二年的贷款额度,此外,这样的投资第五年只能生产出一个产品,而且第六年还需要计提 4M 折旧!所以,在做出决策时,应该首先进行财务预算,避免由于过程中资金浪费等原因而引起资金断流。

表 5.17～表 5.19 是第四年度主要财务报表。

表 5.17 第四年综合管理费用明细表   单位:M

项 目	金 额	备 注		
管理费	4			
广告费	12			
保养费	5			
租金	5			
转产费				
市场准入开拓	1	区域( )国内( )	亚洲( )	国际(√)
ISO 资格认证	2	ISO 9000(√)		ISO 14000(√)
产品研发	6	P2( )	P3( )	P4(6)
其他				
合计	35			

表 5.18 第四年利润表   单位:M

时 期	上年数	本年数	时 期	上年数	本年数
销售收入	113	126	支付利息前利润	13	27
直接成本	49	53	财务收入/支出	−13	−14
毛利	64	73	其他收入/支出		
综合费用	38	35	税前利润	0	13
折旧前利润	26	38	所得税	0	
折旧	−13	−11	净利润	0	13

表 5.19 第四年资产负债表   单位:M

资 产	期初数	期末数	负债和所有者权益	期初数	期末数
流动资产:			负债:		
现金	45	2	长期负债	70	70
应收款	25	44	短期负债	40	40
在制品	14	19	应付账款		
成品	3	10	应交税金		
原料			一年内到期的长期负债	20	
流动资产合计	87	75	负债合计	130	110
固定资产:			所有者权益:		
土地和建筑	0	0	股东资本	50	50
机器和设备	47	52	利润留存	−30	−30
在建工程	16	16	年度净利	0	13
固定资产合计	63	68	所有者权益合计	20	33
资产总计	150	143	负债和所有者权益	150	143

第四年末间谍时间及对策

本次的间谍时间，同样了解到整个市场的供求情况，各小组的产能都跟不上市场的需求，特别是高端产品。越是高端产品，供求关系差距就越大。同时还发现只有很少的小组今年能进入国际市场。在制定广告策略时，由于本年的产能增加到 21 个，再加上期 2 个产品的库存，企业本年的可销售产品为 23 个，因此，将广告费的总额提升到 18M，同时在前几个市场分散投入，争取拿毛利高的订单，少销售，在国际市场上多投入，其一，保证产品的全部销售；其二，争抢国际市场的市场老大地位。以此进行广告策划后，本年产品全部销售，以上目标均已实现，广告策略全胜。

第五年财务估算

企业本年的销售额为 216M，实现毛利 124M，发生的综合费用为 38M（管理费用 4M、广告费用 18M、保养费 6M、租金 8M 及 ISO 认证 2M），折旧费用为 15M（1 条全自动生产线×3+1 条全自动生产线×4+2 条柔性生产线×4），财务费用为 14M（70M 长期贷款×10%+40M 短期贷款×5%+5M 贴现费用），毛利减去这些支出和费用后企业实现利润为 57M，扣除所得税 10M，企业实现净利润 47M，本年末企业的所有者权益就能够达到 80M。

生产总监：产品研发和市场开拓都已经完毕，剩下的就是 ISO 认证和生产线投资了。本年继续进行 ISO 9000 和 ISO 14000 的认证，同时，租用小厂房进行生产线的投资，当然是越多越好了。

采购总监：本年的销售那么好，盈利也不错。今年我们就投 4 条生产线吧！将小厂房铺满，不但能让生产线加分，还多生产出产品以增加企业的所有者权益。应该会有投资能力吧！

市场总监：是啊！今年我们得不惜任何代价进行生产线的投资，除非资金出现断流。

总经理：我也认同今年得用贴现来进行大的投资，就看财务总监对资金的预算了，我提议先按投资 4 条生产线来进行预算，若资金确实不能维持，那就考虑减少一条，也可以换成在第四季度投资半自动生产线。

财务总监：经过我反复地计算，和生产总监对订单交货时期不断调整，最终确认企业可以投资 4 条全自动生产线，但要花费 8M 的贴现费用，若不进行生产线的投资那么企业本年只需花费 2M 的贴现费用。

采购总监：好啊！能进行投资最好，别说只是多花费 6M 的贴现费用，就是多花费 10M 的贴现费用都值，明年只需 2M 的产品就能赚回来了。如果从权益来看，6M 的贴现支出也就使本年的所有者权益降低 4M，基本上没什么影响。因此，企业必须要进行 4 条生产线的投资。

总经理：好！那我们就投资四条生产线吧！

第五年提示

（1）每一环节都要认真对待，包括登记订单这种小细节。

在我们经营到第二季度的时候，才发现订单登记有误，将两账期的订单登记为零账期的订单，从而年初的预算就不准确，企业交货实际能收回来的现金就比预算少。为了避免出现资金断流情况，我们每一季度都要进行资金的预算，长的预算到年末，短的也得预算到本季度末。在第三季度的时候，资金出现了紧张，就算应收账款全部贴现，也不能维持企业的正常经营，必须放弃两条生产线一个季度的投资。这样第五年就有惊无险地完成了，虽然有两条生产线少投资了一个时期，但也比资金出现断流强。

订单登记的错误，完全弄乱了之前的所有预算，不慎就可能使得资金断流，葬送了整个企业。因此，提醒大家在经营 ERP 沙盘时，一定要谨慎、小心，争取不犯、少犯错误，杜绝低级失误。

（2）通常后几年企业开始赢利，在计算缴纳税金时，要认真分析缴纳方式避免出错。

在年末时，计算本年企业实现利润 47M，弥补以前年度的亏损 26M，企业本年的应纳税所得额为 21M，按三分之一向下取整应交税 7M，但若应纳税所得额是 20M，向下取整后就只用交纳 6M 的税。因此，企业可以通过税务筹划，利用 1M 的资金进行投资或者其他的花费，本年已经不需要进行其他项目的投资，而明年年初的资金需求多，就选择用 1M 作为贴现费用对应收账款进行贴现。不但本年年末收回 9M 的资金，而且明年税收支出还减少了 1M。

表 5.20～表 5.22 是第五年的主要财务报表。

表 5.20　第五年综合管理费用明细表　　　　　　　　　　单位：M

项　目	金　额	备　注			
管理费	4				
广告费	18				
保养费	6				
租金	8				
转产费					
市场准入开拓		区域（　）	国内（　）	亚洲（　）	国际（　）
ISO 资格认证	2	ISO 9000（√）		ISO 14000（√）	
产品研发		P2（　）	P3（　）		P4（　）
其他					
合计	38				

表 5.21　第五年利润表　　　　　　　　　　单位：M

时　期	上年数	本年数	时　期	上年数	本年数
销售收入	126	216	支付利息前利润	27	71
直接成本	53	92	财务收入/支出	−14	−25
毛利	73	124	其他收入/支出		
综合费用	35	38	税前利润	13	46
折旧前利润	38	86	所得税		6
折旧	−11	−15	净利润	13	40

表 5.22 第五年资产负债表　　　　　　　　　　　　　　　　单位：M

资产	期初数	期末数	负债和所有者权益	期初数	期末数
流动资产：			负债：		
现金	2	19	长期负债	70	
应收款	44	57	短期负债	40	60
在制品	19	24	应付账款		
成品	10		应交税金		6
原料			一年内到期的长期负债		70
流动资产合计	75	100	负债合计	110	136
固定资产：			所有者权益：		
土地和建筑	0	0	股东资本	50	50
机器和设备	52	53	利润留存	−30	−17
在建工程	16	56	年度净利	13	40
固定资产合计	68	109	所有者权益合计	33	73
资产总计	143	209	负债和所有者权益	143	209

 第五年末间谍期间及对策

继续关注市场供求状况，各组的产能依旧跟不上市场的需求，供求关系失衡加剧，销售将变得更加容易。本年企业的产能为32个产品，并且有一个市场老大地位，于是只将广告费用提升到22M，分散进行投资，也不需要保住市场老大的地位。本年销售31个产品，只有1个产品由于订单个数不一致而没有实现销售。

 第六年财务估算

企业本年实现销售290M，毛利为161M，综合费用为37M（管理费用4M、广告费用22M、保养费10M及ISO认证1M），折旧费用为18M（2条全自动生产线×3+1条全自动生产线×4+2条柔性生产线×4），财务费用为13M（70M长期贷款×10%+60M短期贷款×5%+3M贴现费用），毛利减去这些支出和费用后企业实现利润为93M，扣除所得税31M，企业实现净利润62M，本年末企业的所有者权益将达到135M。

本年资金充足，由于今年的借款已经不需要偿还并付利息了，企业在年初将短期贷款贷满，本年继续投资未完成的生产线和ISO 14000认证，将厂房由租用变成购买。财务总监不需要进行资金的预算，可以直接进行生产经营。同时，采购总监也不必根据各季度生产什么产品来进行原材料的订购，可直接通过销售的所有产品所需要的原材料，减去在产品占用的、库存着的以及下了订单还未采购入库的原材料，就是企业本年需要采购的原材料，不需要分期订购，一次订购即可，当然，生产总监也只要生产订单需要的产品数量而不需要生产多余的库存产品。

第六年提示

（1）在比赛中，不仅要对自己的情况了如指掌，而且对主要竞争对手也需要很清楚。在拿订单时，我们组要争市场老大的地位，市场总监就记录主要竞争对手的销售数量。

当比赛中某组又拿了一张订单时，我们市场总监对大家说：该组违约了，多拿订单了。这是基于我们生产总监和采购总监在间谍时间已经对各小组的产能了如指掌，在他们自己还不知情的情况下，我们已经掌握他们多拿订单的事实。

其实该组不只犯了上面的失误，同时还出现了原材料订购问题，半自动生产线当成全自动生产线来使用等，最后裁判复盘，检查出这些错误。该组不但要让出第一的位置，就连前三名也没有得到。尽管他们有很好的策略，也有智能化的采购软件，但是由于经营的粗心，断送了大好的前程。

（2）严格遵守比赛规则，规则要求禁止小组间联盟，就要做到认真完成本小组经营即可。

诚信是一个企业立足之本，发展之本。诚信原则在 ERP 沙盘实训中体现为对规则的遵守。在比赛中，我们遇到有小组希望通过联盟等形式，排斥另外一个有竞争力的小组，但是我们小组坚持认为做好自己的经营才是正确的选择，避免以后有别的小组揭发、举报、违约等一系列麻烦。市场竞争激烈不可避免，但竞争并不意味着你死我活。寻求与竞争对手公平竞争，完成自己经营，才是参赛同学立足社会，发展自我的基本素质。

表 5.23～表 5.25 是第六年的主要财务报表。

表 5.23　第六年综合管理费用明细表　　　　　　　　　　　　单位：M

项　目	金　额	备　注		
管理费	4			
广告费	22			
保养费	10			
租金				
转产费				
市场准入开拓		区域（　）国内（　）亚洲（　）国际（　）		
ISO 资格认证	1	ISO 9000（　）		ISO 14000（√）
产品研发		P2（　）	P3（　）	P4（　）
其他				
合计	37			

表 5.24　第六年利润表　　　　　　　　　　　　单位：M

期　数	上年数	本年数	期　数	上年数	本年数
销售收入	216	290	支付利息前利润	71	106
直接成本	92	129	财务收入/支出	−25	−13
毛利	124	161	其他收入/支出		
综合费用	38	37	税前利润	46	93
折旧前利润	86	124	所得税	6	31
折旧	−15	−18	净利润	40	62

第5章 比赛案例回顾及分析

表 5.25　第六年资产负债表　　　　　　　　　　　　　　　　单位：M

资　　产	期初数	期末数	负债和所有者权益	期初数	期末数
流动资产：			负债：		
现金	19	97	长期负债		140
应收款	57	182	短期负债	60	140
在制品	24		应付账款		
成品			应交税金	6	31
原料			一年内到期的长期负债	70	
流动资产合计	100	279	负债合计	136	311
固定资产：			所有者权益：		
土地和建筑	0	70	股东资本	50	50
机器和设备	53	97	利润留存	−17	23
在建工程	56		年度净利	40	62
固定资产合计	109	167	所有者权益合计	73	135
资产总计	209	446	负债和所有者权益	209	446

表 5.26 为本次比赛我小组各年的产能、销售及库存表，从该表可以看出企业各年的实际生产、销售及库存的各种产品数量，及相应的总直接成本。有两年企业的实际产量低于产能，第四年是由于资金困难，选择进行投资一期的生产线，第五年生产出一个 P4 产品换本年应该生产的 P2 产品，第六年是由于企业销售的产品比产能少了 1 个产品，而比赛只进行到第六年年末，因此，企业第六年末销售出去的产品就不进行生产了。企业只有两年产品出现库存，第一年市场过小，第四年是由于选择毛利高的订单而没有保证全部销售。

表 5.26　产能、销售及库存表　　　　　　　　　　　　　　　单位：个

年　数	产品	P1	P2	P3	P4	合计	产能	直接成本
第一年	上年库存	1				1	6	2
	本年生产	6				6		12
	本年销售	5				5		10
	年末结余	2	0	0	0	2		4
第二年	上年库存	2	0	0	0	2	11	4
	本年生产	5	1	5		11		33
	本年销售	7	1	5		13		37
	年末结余	0	0	0	0	0		0

续表

年 数	产品	P1	P2	P3	P4	合计	产能	直接成本
第三年	上年库存	0	0	0	0	0	16	0
	本年生产	2	8	6		16		52
	本年销售	2	7	6		15		49
	年末结余	0	1	0	0	1		3
第四年	上年库存	0	1	0	0	1	17	3
	本年生产	3	3	8	2	16		57
	本年销售	3	2	7	2	14		50
	年末结余	0	2	1	0	3		10
第五年	上年库存	0	2	1	0	3	21	10
	本年生产	2	4	6	9	21		85
	本年销售	2	6	7	9	24		95
	年末结余	0	0	0	0	0		0
第六年	上年库存	0	0	0	0	0	32	0
	本年生产	2	5	10	14	31		129
	本年销售	2	5	10	14	31		129
	年末结余	0	0	0	0	0		0

各年主要策略概括

第一年（总体战略），第一年就进行的项目：①长期贷款全额贷满；②研发 P2 和 P3 两种产品；③投资三条生产线，其中两条柔性线，同时变卖两条手工生产线；④4 个市场的开拓。以后各年度的计划：①第二年第一季度将 P2 和 P3 两种产品研发完成，第二、三年将 P4 产品研发完成，第四年年初就可以上线生产；②第二、三年都进行生产线的投资，争取尽快将厂房铺满；③每年进行全部的市场开拓，第三年开始进行 ISO 认证。

第二年：①推迟进行 P4 产品研发，即本年不进行研发；②不投资生产线，保留手工生产线；③变卖厂房；④三个市场的开拓。

第三年：①推迟一期进行 P4 产品研发，本年只研发三期；②放弃 ISO 认证，本年不进行（原打算本年开始）；③一条生产线的投资；④两个市场开拓。

第四年：①两期的 P4 产品研发；②一条生产线的投资；③1 个市场开拓及 ISO 认证。

第五年：①4 条生产线投资及第三期两条生产线停投一期；②ISO 认证。

第六年：购买大小厂房。

整体经营评价

本次北京赛 X 组（代号）选择的总体战略最好，只进行 P2 和 P4 两种产品研发。

我们小组选择的是三种产品都研发，而且还是在前四年就研发完成，都能生产出产品来销售，对于这样大量的投资费用是很冒进的，很容易出现资金断流。当然，我们选择这样的战略时，是基于初始状态好于实际所给的初始状态：所有者权益 60M 以上，机器及设备 9M。与本次比赛所给的初始状态相比，我们减少了至少 10M 的长期贷款，而机器设备折旧也直接使所有者权益少了 6M，对长短期贷款的总影响为 12M。从而我们就少融资 30 余 M 的资金，再加上权益上少的几个 M，以及机器设备上的 6M，相当于两条生产线的投资。至此，我们组的战略就变得很激进、很冒险。以实际比赛的初始状态来对比我组和 X 组，资金方面，我们小组多投资了 P3 的产品，从而直接使得所有者权益低于对方 10M，相应的长短期贷款也都少了 20M，即可利用资金比他们少了 50M，相当于投资三条生产线；销售方面，X 组虽然比我们少了一种产品，但由于本次的市场需求量大，供给跟不上需求，X 组能实现完全的产品销售，我们组多的一种产品不能带来销售的好处。从而可以说他们组的策略完全优于我们小组，发展速度远超过我们。

但我们小组拿到了最后的冠军，而不是 X 组。X 组尽管占到了战略的优势，但由于他们在经营过程中采购、生产等几个错误，使得他们让出了前三名。而与他们相反，我们虽然没有战略上的优势，但凭着我们几年的优秀经营，最后拿到了冠军。

第二年我们变卖了厂房，放弃了生产线投资和 P4 产品的研发，努力将所有者权益保持在 20M；第三年也推迟了一期 P4 的研发并放弃 ISO 的认证，变卖了手工生产线，也投资了一条全自动生产线，同时在经营过程中两条柔性生产线 4 期都进行摇摆，也保证所有者权益为 20M；第四年为了投资一条生产线，年末只有 2M 的现金留存；第五年通过贴现投资 4 条生产线，在这过程中有两条生产线停投一期；第六年购买大小厂房。可以说就是以上这些关键的策略才成就了我们的胜利。

 结束语

战略选择不好可以调整，前期经营得不好不能气馁，只要我们不抛弃、不放弃，努力将后面经营好，在结果还没有出来之前，都还有成功机会。

5.2 第三届 ERP 沙盘全国赛（创业者电子沙盘）

全国比赛的规则同以往比赛的规则相比，在流程上基本相同，只是投资方面稍有差异，表 5.27～表 5.31 列示的是全国比赛有关投资和筹资的相关情况。

表 5.27 产品研发

产　　品	P1	P2	P3	P4
研发时间/Q	2	4	6	6
研发投资/M	2	4	6	12
原料组成	R1	R2+R3	R1+R3+R4	R2+R3+2R4

表 5.28　ISO 认证

ISO 认证	ISO 9000	ISO 14000
建立时间/年	2	2
所需投资/(M/年)	1	2

表 5.29　生产线投资

生产线	购买价格/M	安装周期/Q	生产周期/Q	转产周期/Q	转产费用/M	维护费用/(M/年)	出售残值/M
手工线	5	无	3	无	无	1	1
半自动	10	2	2	1	1	1	2
全自动	15	3	1	2	4	1	3
柔性生产线	20	4	1	无	无	1	4

表 5.30　市场开拓

市　　场	本地	区域	国内	亚洲	国际
完成时间/年	1	1	2	3	4
投资规则/(M/年)	1	1	1	1	1

表 5.31　筹资方式

筹资类型	贷款时间	贷款额度	年息	还款方式
长期贷款	每年年初	长短总额为权益3倍	10%	年初付息,到期还本
短期贷款	每季度初	长短总额为权益3倍	5%	到期还本、付息
资金贴现	任何时间	视应收款额	1、2期账款按1∶9 3、4期账款按1∶6	变现时贴息

总经理：大家都已经参加过很多沙盘比赛了，同时，各位也都取得了很好的成绩，有着很丰富的大赛经验，我相信各位在各职能和整个沙盘实战模拟方面都有着很深的认识，可以说都是沙盘实战的专家。但是这次的比赛和以往的比赛有一个很显著的变化，不是让我们直接去接手一个经营比较好的企业，而只是投资者最初投资60M的资金，完全由我们自己去新建企业并经营管理，这是我们以往任何比赛都没有遇到的，我们没有经验可寻、没有模式可走，这都将给我们的团队带来巨大的挑战。下面请市场总监给我们介绍一下市场的需求预测情况。

市场总监：我们来看一下整个市场的预测情况，对于这次的规则，尽管第一年市场有需求，但由于第一年没法生产出产品，也就谈不上销售。我们就从第二年开始分析，如表所示（表5.32）是我依据市场预测表转换统计出来的市场各年的产品总需求及对各小组的平均需求。

第 5 章　比赛案例回顾及分析

表 5.32　市场预测转换表

年　　数	第二年	第三年	第四年	第五年	第六年
市场年总需求量/个	160	284	346	393	409
对各小组平均需求量/个	13	24	29	33	34

我说明一下，市场第二年的总需求量实际上是 191 个，其中有 31 个 P3 我没有统计在表 5.32 里面，主要有以下几点原因：①市场需求量较大，单 P1 和 P2 市场对每个小组平均都有 13 个产品的需求，即市场对每个小组平均有 4 条生产线（指全自动和柔性生产线）的产能需求；②P3 产品的研发周期长，如果研发 P3，第二年每条全自动和柔性生产线只能生产一个 P3 产品，还使得折旧费用增多；③所要的研发费用高，即对所有者权益的影响较大，影响的贷款数额为 18M(6M×3)；④在 P3 前面有 P1、P2 两种产品可以进行研发，不但研发费用低，市场需求量大，同时，还能与生产线的投资相衔接。

从以上的这些数据，我们知道，市场的需求量大，各年的增长也很快，但唯一一点就是这次市场各产品的毛利都很低（都在 3~4M 之间），可以说市场还是相当好的。我个人认为，这次的竞争不是在销售市场上竞争，而是在产能上的竞争，谁的产能跟得上市场的需求，谁就会是最后的赢家。所以我们必须选择战略，使得我们能够提供的产量与市场需求相匹配，稍高于市场对各小组的平均需求量。

生产总监： 企业要有高的产能，就得多投资生产线、购买或者租用厂房、多进行产品的研发及原材料的采购等，我们必须加大这方面的投入。

财务总监： 企业的各项投资都需要占用很多的资金，这次没有初始年，并只给了我们 60M 的资金，等我们第一年投资过后，企业第二年的所有者权益将会降到 45M 左右，同时，这次的长短期贷款总和才为上年所有者权益的 3 倍，使得第二年的长短期贷款的总额度在 130~140M，与过去我们比赛的所有者权益 60M 左右、长短期贷款是上年所有者权益的 4 倍相比较，我们可用的资金减少了 100M 左右，因此，在资金方面的困难将严重影响我们的投资。我认为，我们不能盲目地、高费用、高风险地去投资，我们必须适当的、稳步地进行投资。

采购总监： 我赞同财务总监的观点，这次的市场各产品毛利都比较低，都在 3~4M 之间。我简单计算并分摊了一下除直接成本外的费用，按生产线计算，投资一条生产线每年能生产 4 个的产品，则毛利就是 12M，但生产线的投资和维持经营所占用的资金估计在 30M（分别按 15M 计算）左右，按长期贷款的成本计算每年为 3M，每条生产线折旧费用每年为 3M（刚投资的生产线第一年生产不提折旧和少生产一个产品的毛利相抵消），维护费用每年 1M，占用厂房的成本约为 1M，销售一条生产线生产的产品要花费 2M 的广告费，这样每条生产线每年分摊的费用为 10M，用毛利扣除这些费用后每条生产线还有 2M 的剩余，但这还没有扣除管理费用、产品的研发费用、市场的开拓及 ISO 认证的费用，将这些费用再扣除，企业就很难有盈利。因此，我认为我们只有稳定、低成本、高效率地进行经营，才能从较低的毛利中获取利润，将企业做大、做好，才能取得比赛的胜利。

总经理： 大家说的都很有道理，从大家的分析，可以看出，市场的需求是很大的，但财务能力又不足，很难提供与市场需求相适应的供给量。因此，这次企业的竞争就变成是资本运作、融资运营能力方面的竞争，这就要求我们必须控制好所有者权益，保证好贷款的额度。

指导老师：我们现在不能一步就得到企业的整体发展战略、投资方案，我认为你们应该逐项进行考虑、做出决策，确定哪些是现在必须要做的，哪些是可以推迟再做以及不需要做的，再将这些进行整合，最后得出投资战略。

总经理：我们就按老师给我们的建议，逐项进行决策。首先，我们考虑怎样进行市场的开拓。

市场总监：我认为从第一年开始就要全部进行开拓，毕竟市场是销售产品的唯一场所，没有市场就谈不上销售。

财务总监：市场开拓固然重要，在财务有能力时，我也同意力争尽快将市场开拓完成以实现销售，但若所有者权益出现瓶颈，要控制权益以保证贷款额度时，就必须得推迟部分市场的开拓。

生产总监：对，我完全赞同财务总监的观点，同时，我认为如果要推迟进行市场开拓，就应该推迟开拓周期长的市场。

采购总监：没意见，完全同意。

总经理：市场总监，你对财务总监的观点有没有什么意见。

市场总监：没意见。

总经理：既然大家都这么认为，那对市场开拓我们就这样确定了，下面我们考虑 ISO 的认证投资。

生产总监：按我们以往的经验，市场第四年对 ISO 9000 有要求的产品很少，在第五年对 ISO 9000 有要求的产品开始增多，而对 ISO 14000 的要求比 ISO 9000 迟一年，因此，我认为对 ISO 9000 和 ISO 14000 应该分别在第三年或第四年开始进行认证。

采购总监：一般情况下，我们应该按生产总监所说的，分别在第三、第四年进行认证，但若我们在前两年为了合理避税，后几年为了控制所有者权益，就有可能要推迟或者延后进行 ISO 的认证。

财务总监和市场总监：都赞同。

总经理：好，那下面我们就考虑该怎么样进行产品的研发。

财务总监：P1 产品的市场需求量大，研发成本低，直接成本少，毛利和其他的产品相当。我认为有必要对 P1 进行研发。

生产总监：P1 研发，但同时还得研发其他的产品，如果没有其他产品的支持，产能难以提高，同时，产品过于单一。

市场总监：若在第二年销售，我们就不能只有 P1 一种产品，由于 P3 第二年没有产能，P4 第二年又没有需求。因此，我们第一年应该研发 P1 和 P2 两种产品，这样既能保证产能的提高，同时还降低了经营销售风险。另外，对于 P3 和 P4 是否研发，以及什么时候研发，等到我们第二年年初参加订货会后，考虑财务方面的能力，并结合间谍期间了解到的其他组产品的研发情况，再来决定其研发。

采购总监：完全同意。

总经理：那我们就考虑厂房的情况，使用什么厂房，是租还是买。

财务总监：看投资生产线的情况，若投资 4 条及以下的生产线，我认为选用小厂房，若投资的生产线多于 4 条，就选用大厂房。这样既能使厂房占用的资金少，同时还能提高厂房的利用率。

采购总监：我认为不管投资几条生产线都应该采用大厂房。第一，我们在发展过程中，使用5条或6条生产线的时间较长,就有必要选择提供容量与之相对应的厂房;第二,若用小厂房的话,在我们第5条生产线的投资时,就得租用大厂房,即只有5条生产线时我们得占用大小两个厂房,相应的花费就高;但若是用大厂房,我们要到第7条生产线的投资时才占用大小两个厂房,相应的费用就低。另外,应该买厂房,不应该租用厂房。若是租用厂房,需要花费5M的资金,这样就使得所有者权益与购买相比降低了5M,相应的贷款额度也就降低了15M(5M×3),即为花费5M的租金,能使企业多融资到20M的资金。因此,应购买厂房。

生产总监和市场总监:同意。

总经理:下面讨论生产线的投资。

生产总监:由于这次市场各产品的毛利低,财务投资能力弱,我们应该谨慎投资,我建议第一年应该投资三条或者四条生产线,这样第二年的产能会略低于同年市场对每个小组的平均需求,对于销售来说,应该没什么问题,基本上没有市场的风险。同时,投资的生产线少,占用的资金少,相应的财务压力小,经营风险也就不大。

采购总监:在北京赛时,我们投资了两条柔性生产线,并且每一年都使用了柔性生产线的灵活性,给我们带来了极大的利益,特别是第四年,为了实现市场销售的灵活性和财务对应收账款的需要,全年每一季的生产都更换产品,不但多销售了产品,更是极大地解放了财务,使即将要断流的财务能够良好运转,并最终获得了北京赛区的冠军。可以说,这一荣誉是投资的两条柔性生产线帮助我们挣到的。因此,依上次的经验,我建议这次还应投资两条柔性生产线。

总经理:当然,柔性生产线确实能给我们带来很多的好处,但基于这次市场需求旺盛,各产品毛利相当,财务投资能力弱,与北京赛区有很大差距的情况,我认为我们不应按北京赛区那样投资两条柔性生产线,可以考虑改投一条柔性生产线。

市场总监:我也同意只投资一条柔性生产线。对于这次市场需求旺盛,与其多投资5M的资金换来销售的灵活性,还不如多投资全自动生产线来增加产能多销售,但若销售时一点灵活性都没有,那也不现实。因此,我觉得最合适的就是投资一条柔性生产线。

财务总监:对于这次融资困难,相应投资能力弱,我也同意就投资一条柔性生产线,这样与投资全自动生产线相比,不但少投资5M的资金,同时,每年还少提1M的折旧。

总经理:采购总监有没有意见。

采购总监:赞同,没意见。

总经理:好,就确定投资一条柔性生产线了。那我们还该投资几条全自动生产线呢,生产总监刚才建议投资三条或者四条生产线,除了既定的一条柔性生产线外,我们还需要投资两条还是三条全自动生产线呢?

采购总监:既然市场第二年对每一小组的平均需求为13个产品,我们就应该投资三条的全自动生产线,这样连同投资的一条柔性生产线,第二年的产能为12个产品,能与市场的需求基本一致。

市场总监:我也认为应该投资三条全自动生产线。如果只投资两条全自动生产线,不但使得第二年的产能低(9个产品),同时,以后各年的产能也受到限制(第二年财务困难,很难进行生产线的投资),如市场第三年对每个小组的平均需求为24个的产品,产能将更跟不上市场的需求。为了产能能尽可能地与市场的需求相一致,最好还是投资三条全自动生产线。另外，由于 P2 产品的科技含量比 P1 产品高，且有研发周期，相应的其他组研发 P2 的可能性就会比 P1 小，基于此我认为投资的三条生产线应该用两条来生产 P2，用一条来生产 P1，柔性生产线根据需要调整生产 P1 或者 P2。

财务总监：我同意市场总监对生产线生产产品的安排，也同意大家提出的投资三条全自动生产线和一条柔性生产线的要求，我也会尽最大的努力争取实现四条线投资。但若资金确实困难，没有能力投资这四条线，就得减少投资。

总经理：既然大家没有其他的意见，那我们就先确定投资三条全自动生产线和一条柔性生产线，也暂确定按市场总监的观点安排产品的生产，但若财务能力确定不足，我们再行决议。下面考虑长短贷款的融资。

生产总监：以往我们比赛，长短期贷款都是上年所有者权益的两倍，而这次变成了长短期贷款的总和才为所得者权益的三倍。以往比赛的经验是，第一年全额贷足长期贷款，短期贷款根据各季度的实际情况进行融资，以此，我想将这次长短贷平均分配，并将长期贷款贷足额度，即贷 90M 的长期贷款，短期贷款根据实际情况确定。

市场总监：我不赞同把长短期贷款分开各按所有者权益的 1.5 倍来进行长短期贷款的融资。对于以往的比赛，长短期贷款规则就是分开来规定的，其长短期的贷款相互之间没有影响，而对于这次规则，长短期贷款相互牵制、相互影响。如以往的比赛在长期贷款贷满 120M，即使在所有者权益下降到 10M 以上，都还可以进行短期的贷款。但就这次比赛，若按长期贷款 90M 进行贷款的话，当所有者权益降到 33M 就不能进行短期贷款的融资。因此，我认为不应该只依附于以往的经验将长短期贷款进行分开融资，而是要研究长短期贷款之间的相互影响、相互牵制关系，进而合理、恰当地分配长短期贷款数额。可以说，这次的比赛对财务融资的最大考验就是长短期贷款的匹配问题。

采购总监：我对以往比赛前三年的长短期贷款总额做了一个初步的统计，发现以往比赛前三年占用的贷款资金基本上在 160～180M（包括初始状态时已贷款的 40M）范围，这一数据给我们一个融资的目标，该怎样进行分配，才能使我们每年可以贷款贷到的资金达到并且超过这一目标。

财务总监：是的，上面数据确实是企业要实现的贷款目标。当然，如果只考虑达到这一贷款的额度，第一年可以将长期贷款贷到 120M 及以上，由于长期贷款为 5 年期，那在第二年和第三年我们就能稳定地持有这一长期贷款，贷款的额度也就能达到企业的需要，但如果按这样进行融资，不但每年的融资费用高，而在第六年初还存在着较大的还贷风险。这一方式可以作为我们最终的备选。

生产总监：按上面说的，第六年初的还贷风险大，那我们是否可以第一年不进行投资，什么都不做，先控制住第一年的所有者权益，如果这样，企业只需花 4M 的管理费用，所有者权益能控制在 56M，即第二年的贷款额度能达到 160M。那第二年可以根据需要多贷长期贷款，这些长期贷款由于是在第七年初才到期，从而，企业在经营期间内就没有还贷的压力，也就没有还贷的风险。

市场总监：我不同意生产总监的第一年不投资的观点，当然第二年进行长期贷款企业没有还贷风险，但这样企业的投资就比其他小组慢一年，发展也就晚了一年，销售也少了一年，企业也就永远跟在后面发展，没法同他们竞争，也就更不可能取得比赛的胜利。

采购总监：对，可以说沙盘比赛的竞争也是时间的竞争，在我们以往的比赛中，很多的小组都会发出这样的感慨"如果能再给我们一年的时间，我们一定能将企业做得更好，取得更好的成绩"，可想而知，时间对于企业的重要性，时间就是企业的利润，企业必须抓住每一分钟可以利用的时间，尽可能多地为企业实现利润。因此，我们一定要利用好每一分钟的时间，充分利用，做好投资，努力赚取时间的"金钱"。

总经理：当然，企业不能花一年的时间在等待上，一定要在第一年就开始投资，对于上面说的贷款范围，财务总监估计一下各年的所有者权益，看看各年能贷款的数额与目标的差距。

财务总监：对于这次比赛，第一年和第二年要想达到上面的目标基本上没什么问题，投资者第一年年初投资给企业的资金是60M，即所有者权益为60M，这样企业能借到的贷款数额就为180M，第一年没有收入，但由于第一年发生的综合费用为15M（P1和P2的研发费用6M，管理费用4M，市场开拓5M），无其他的费用支出，从而使得第一年末即第二年初的所有者权益为45M，相应的贷款数额就为130M，基本上能满足企业的融资需求。关键就是看我们第三年能否达到这一贷款的目标，第二年将要发生的综合费用为21M（广告费用估计10M，管理费用4M，市场开拓3M，维护费用4M，产品是否研发看销售情况再定），财务费用看第一年的长短期贷款情况，应该在8M左右，总的费用也就是30M左右，因此，第三年的贷款参数主要就得看第二年的销售，如果销售的毛利率能达到30M及以上，即销售10个及以上的产品，那第二年的所有者权益就不会下降，第三年的融资贷款数额就不会低于第二年，也就能实现企业融资的目标。那就看市场总监能否实现这一目标了。

市场总监：市场第二年对每一小组的平均需求为13个产品，我们小组要实现10个产品的销售基本上没什么问题，我可以保证我们小组的销售数量会在10个以上。

总经理：既然市场总监能保证实现10个产品以上的销售，那就是说我们第二年能够稳住所有者权益，第三年的贷款数额也就基本上可以保证，那财务总监，你认为我们该怎样的进行长短期贷款的分配呢？

财务总监：既然市场总监能够保证，那我们的所有者权益就能保持在45M以上，即融资贷款的数额就能保持在130M左右，如果我们全部采用长期贷款，优点是每一年的经营风险小，缺点是每一年的财务费用高，如果全部采用短期贷款的话，正好与长期短款的优缺点相反。因此，我们就要根据企业的需要，是经营风险小还是财务费用低来选择两者之间的搭配。按我们上面的投资决策，我简单的预算了一下，我们第一年所需要支出的资金为120M，连同年末要有15M左右的库存，第一年需要的贷款数额就为80M，对于这80M的贷款，我的初步意思是采用40M的长期贷款，40M的短期贷款，在第二年初再将剩余的贷款额度50M采用长期贷款，这样的话，第二年的财务费用为6M，40M的短期贷款还贷压力也不大，但由于第三年不确定因素更多，可能经营风险会加大，因此，第二年就不再增加短期贷款，而是全部采用长期贷款。

生产总监、采购总监、销售总监：既然财务都这么考虑了，我们还能有什么意见呢。

总经理：大家都这么一致地同意财务总监的贷款方案，那我们就初步确定按财务总监提出的贷款方案进行融资。接下来我们将上面的各项决策进行初步地演练，看是否有什么的漏洞，是否还有需要完善的地方。

表5.33是我们小组第一年的现金流记录表。

表 5.33 现金流记录表　　　　　　　单位：M

年初	新年度规划会议				
	参加订货会				
	制定新年度计划				
	支付应付税				
	支付长贷利息				
	长期贷款还款				
	申请长期贷款	40			
1	季初现金盘点	100	52	29	27
2	短期贷款还本付息				
3	申请短期贷款			20	20
4	原材料入库				
5	下原材料订单				
6	购买/租用厂房	−40			
7	更新生产/完工入库				
8	建/卖/转生产线	−5	−20	−20	−20
9	紧急采购原材料				
10	开始下一批生产				
11	应收款收现				
12	按订单交货				
13	产品研发投资	−2	−2	−1	−1
14	厂房售/租/买				
15	支付管理费/更新厂房租金	−1	−1	−1	−1
16	出售库存				
17	厂房贴现				
18	应收款贴现				
19	季末收入合计	0	0	20	20
20	季末支出合计	−48	−23	−22	−22
21	期末现金余额	52	29	27	25
年末	缴纳违约订单罚款				
	支付设备维护费				
	计提折旧				( )
	新市场开拓/ISO 认证				−5
	结账				20

总经理：这一方案虽然解决了企业前三年的贷款额度问题，但根本上没有增加企业的所有者权益，相应的企业贷款额度也没有增加，这就使得企业在前三年难以增加投资，企业在第三年、第四年很难获得发展，可还有什么更好的办法呢？

市场总监：我想了一下，觉得刚才我们确定的那一方案在今后几年很难扩张，发展后劲不足。我现在有了一个新的思路，这次市场的需求很大，第二年对每一小组的平均需求就是13个产品，因此，我想我们应该在第一年投资五条生产线（四条全自动生产线和一柔性生产线），其第二年生产的产品数量为15个产品，只是略微高于市场对每一小组的平均需求。另外，我还估计会有一半多的小组投资的生产线不会超过五条，由他们少投资生产线相应的少供给产品就会造成供不应求，那我们生产的15个的产品就能够全部销售出去。最初我还是想投资六条生产线，只是经过计算如果投资六条生产线，第二年就会出现财务困难，但若投资五条生产线财务基本上能够保证，之后我再说详细的现金流预算。当然，我要投资五条生产线的主要目的并不是为了在第二年能多生产出3个产品来销售，而是为了第三年企业的融资，也即是未来以后各年更好的扩张。

总经理：那是怎样增加企业第三年的融资呢？

市场总监：我们多投资一条生产线，由于销售没有问题，多生产出3个产品就会带来9M的毛利，但由于刚开始生产的第二年生产线不需要计提折旧，财务费用也不会增加，唯一增加的就是一个维护费用，因此第二年多生产并销售的3个产品就能给企业的所有者权益增加8M，这就使得第三年的贷款额度增加24M，这将给企业很大的扩张空间。按总的15个产品计算，实现的毛利为45M，而综合费用等一系列的费用支出在30M左右，即企业第二年就能实现15M左右的盈利，就会使得企业的所有者权益到60M，贷款的额度也增长到180M，既能满足企业的融资需求也能进一步的投资，让企业不断地扩张壮大。如果按这样的投资思路，企业能够保证其贷款的额度，第一年就可以减少长期借款的贷款额度，可以通过多贷短期贷款来满足企业的经营需要，相应的也就节约了融资成本，增加了企业的所有者权益，进一步地增大了企业的贷款额度。

总经理：那企业的资金能满足五条生产线的投资及其第二年的生产经营吗？

市场总监：如果投资五条生产线，企业第一年需要支付的资金，购买厂房40M、五条生产线80M、产品研发投资6M、支付管理费4M、新市场开拓5M，一共为135M；第二年需要支付的资金，广告费10M、财务费用（长短期贷款利息）6M、产品生产（包括原材料和加工费用）56M（柔性生产线全部按P2生产，即$16×3+4×2=56$）、支付管理费4M、支付设备维护费5M、新市场开拓3M，第二年一共支付的资金为84M，第一、第二年一共要支付的资金就为219M，而企业所供支配的资金中，贷款可有130M、投资者投入的资金60M，由于企业第二年年末可以不库存现金，第三年需要支付的广告费和长期贷款的利息可以在第三年贴现，其后就可以用长期贷款了，因此，企业第二年需要从销售中收回30M的资金。

总经理：第二年应该说很难满足收回30M资金的需要。

市场总监：要实现这么多的资金收回确实有很大的难度，但由于这次的市场大，增长速度快，而各小组在第三、第四年很难投资，总的供给量也就不会大，我们就可以将后面的亚洲市场和国际市场推迟一年研发，不但不需要支付2M的研发费用，同时使得贷款的额度增大了10M，这样就只需从第二年的销售收入中收回18M就能满足企业资金的需求了，这样就很容易了。

总经理：确实增加第二年的销售很有好处，我们就应该借第二年生产线没有折旧这一好处，在第一年多投资生产线，实现第二年的多销，更进一步的就保住企业的所有者权益，为以后借款及发展立下根基。

第二天早上，大家按市场总监说的投资五条生产线、减少长期贷款及推迟两个市场的开拓重新进行了预算，方案确定。表5.34是预算的现金流记录表。

表 5.34　第一年现金流记录表　　　　　　　　单位：M

年初	新年度规划会议				
	参加订货会				
	制定新年度计划				
	支付应付税				
	支付长贷利息				
	长期贷款还款				
	申请长期贷款	10			
1	季初现金盘点	70	42	34	27
2	短期贷款还本付息				
3	申请短期贷款	20	20	20	20
4	原材料入库				
5	下原材料订单				
6	购买/租用厂房	−40			
7	更新生产/完工入库				
8	建/卖/转生产线	−5	−25	−25	−25
9	紧急采购原材料				
10	开始下一批生产				
11	应收款收现				
12	按订单交货				
13	产品研发投资	−2	−2	−1	−1
14	厂房售/租/买				
15	支付管理费/更新厂房租金	−1	−1	−1	−1
16	出售库存				
17	厂房贴现				
18	应收款贴现				
19	季末收入合计	20	20	20	20
20	季末支出合计	−48	−28	−27	−27
21	期末现金余额	42	34	27	20
年末	缴纳违约订单罚款				
	支付设备维护费				
	计提折旧				( )
	新市场开拓/ISO认证				−3
	结账				17

第5章 比赛案例回顾及分析

比赛正式进行,开始企业的投资经营。

第一年我们按照确定的方案进行了投资经营,表5.35~表5.37是我们小组做完第一年的综合费用明细表、利润表及资产负债表。

表5.35 第一年综合管理费用明细表　　　　　　　　单位:M

项　目	金　额	备　注
管理费	4	
广告费		
保养费		
租金		
转产费		
市场准入开拓	3	本地(√)区域(√)国内(√)亚洲( )国际( )
ISO资格认证		ISO 9000( )　　　　　　ISO 14000( )
产品研发	6	P1(2)　　P2(4)　　P3( )　　P4( )
其他		
合计	13	

表5.36 第一年利润表　　　　　　　　单位:M

时　期	上年数	本年数	时　期	上年数	本年数
销售收入			支付利息前利润		−13
直接成本			财务收入/支出		
毛利			其他收入/支出		
综合费用		13	税前利润		−13
折旧前利润		−13	所得税		
折旧			净利润		−13

表5.37 第一年资产负债表　　　　　　　　单位:M

资　产	期初数	期末数	负债和所有者权益	期初数	期末数
流动资产:			负债:		
现金		17	长期负债		10
应收款			短期负债		80
在制品			应付账款		
成品			应交税金		
原料			一年内到期的长期负债		
流动资产合计	0	17	负债合计	0	90

续表

资产	期初数	期末数	负债和所有者权益	期初数	期末数
固定资产：			所有者权益：		
土地和建筑		40	股东资本		60
机器和设备			利润留存		
在建工程		80	年度净利		—13
固定资产合计	0	120	所有者权益合计	0	47
资产总计	0	137	负债和所有者权益	0	137

 第一年末间谍时间

我们了解到，有一个组什么都没有做，只花费了 4M 的管理费用，很多的小组只研发了 P1 一种产品，连同我们只有三个组研发了 P2 的产品，同时，很多的小组都只投资了三条生产线。在间谍完成后大家开始研究第二年的广告策略及经营发展。

 企业第二年的广告投资决策

市场总监：通过间谍，我们知道市场能提供 P2 的供给量很少，这样我们的柔性生产线就该用来生产 P2 的产品。对于广告，由于市场的供给严重不足，我认为企业可以在本地市场和区域市场对 P2 各投资 3M 的广告费，对 P1 产品只在区域市场投资 1M 的广告费，这样企业正好能拿到 5 张订单，按每张订单平均销售 3 个产品计算，企业正好实现全部的销售，不但在保证销售的情况下节约了广告费用，同时，还有机会争夺区域市场的老大地位。

采购总监：当然，这样的策略是基本上能满足企业的销售需求，但为了更谨慎、保险，我个人认为可以在本地市场也投资 1M 的广告费用，这样不但减少了产品的销售风险，特别是 P1 产品，同时，我们也可以通过各组广告投资后再决定在哪一市场拿 P1 的订单，或者说把销售重心放在其他小组广告投放少的市场，这样企业不但可以在两个市场上都有争抢市场老大地位的机会，同时也更有机会争抢到市场老大的地位。

生产总监：确实，我们的所有赌注都放在了第二年这一年，因此，我们一定要加倍小心，一定要稳重，多投资几 M 的广告费不要紧，关键是要确保企业的销售，只有实现多销售才能发挥我们选择投资方案的优势。

财务总监：我同意多打广告费。

市场总监：好啊！多投资广告费我当然同意了，我还以为你们会压低广告费呢。

总经理：好吧！我们就按 8M 的广告费用进行投资，市场总监你需要保证企业的销售。

在参加订货会中也按企业的预期实现了 14 个产品的销售，尽管与产能 15 个产品还有一个差距，但这一个产品主要是因为交货期才没有实现销售，可以说原因不在企业的广告费策略，另外，企业还争抢到了区域市场的老大地位。广告策略获得了市场的肯定。

 第二年财务估算

在企业拿到订单后，财务总监就开始进行本年度的资金预算及规划本年度的交货；采购总监开始计算本年的原材料订购，并向财务总监汇报本年度原材料入库所需要的资金情况；市场总监对本年度的成本费用等进行简单的计算，很快就计算出了企业本年销售实现的毛利为 44M，比我们预期的销售 15 个产品、实现 45M 的毛利基本上没有什么差距，财务又简单地预算了一下企业本年的费用支出，综合费用为 20M（管理费用 4M、广告费用 8M、保养费 5M、市场开拓费用 3M），财务费用为 5M（长期贷款利息 1M、短期贷款利息 4M、有销货款回收，不需要贴现），一共为 25M，即企业本年可以实现利润为 19M，不但弥补了上年 13M 的亏损，还多了 6M 的盈利。了解这些情况后，大家开始讨论本年的经营投资决策。

融资：由于到第二年年初为止，企业的长期贷款才有 10M，而短期贷款的数额已经为 80M，很显然现在还有的 50M 的贷款额度应该用长期贷款贷足。

产品研发：企业今年不但弥补了上年的亏损，还实现了 6M 的盈利，既然有了投资能力，明年的贷款额度也有较大的增长（40M 以上），当然有了这一贷款额度，企业肯定得投资新生产线进一步的扩大发展，为了研发新的产品与投资的新生产线同步，今年有必要对 P3 或者 P4 研发两个周期，这样企业第四年年初就能正好研发完成，既可以上线生产，就能与第三年投资第四年初建设完成的生产线同步开始生产新的产品。那在 P3 和 P4 两种产品中，又该选择哪种产品进行研发呢？到今年为止，没有其他的组进行 P3 产品的研发，只有少数的组从第一年就开始研发 P4 的产品，他们期望像地区比赛那样能从 P4 产品上获得胜利，同时，由于其他的小组本年都还存在亏损 10M 以上的资金，他们在明年很难扩大投资，很难投资进行新的 P3 或者 P4 产品的研发，另外，从本组来考虑，投资研发 P3 所花费的成本只是 P4 的一半，相应节约 6M 的支出，但 P3 和 P4 销售所带来的毛利是相当的。因此我们选择投资研发 P3 的产品，在本年投资研发两个周期。

ISO 认证：在我们最初确定的投资思路中，对于认证，我们全部都是安排到第三年开始进行认证，但由于在投资研发后，企业弥补亏损后盈利就减少为 4M，企业就需要交纳 2M 的税金（所得税的计算是企业实现的利润的 1/3 取整），即企业实现 4M 和 3M 的税前利润所留存的税后利润是一样的。因此，企业就应该多投资 1M 的资金，由于没有其他的必须要或者正好只需要 1M 的投资项目，这也就给 ISO 9000 的提前一期认证留下了空间。

在进行了 ISO 9000 认证后，各成员对还盈利 3M 的税前利润进行了激烈的争论，主要有以下两种不同的观点。

第一种观点认为，企业实现了 3M 的利润就需要交 1M 所得税，只留存 2M 的净利润，但如果将这 3M 的资金进行投资的话，其企业承担的成本却只为 2M 的净利润，相应的投资成本降低为非盈利时的 67%，因此，与未实现盈利相比，企业就更应该投资，而又该选择那些项目进行投资呢？由于企业没有好的项目要本期投资，于是他们认为应该同样提前对 ISO 14000 进行认证。

第二种观点认为，企业尽管实现了盈利，但本期却没有好的项目要投资，企业就应该交所得税，保留 2M 的净利盈余，积累企业的所有者权益，为以后的融资即扩大发展打好基础。如果选择进行 ISO 14000 认证，虽然进行了投资，却没有给企业带来益处，①企业第四年对 ISO 14000 基本没有需求，就是有要求由于市场需求大于供给，丝毫不会影响企业的销售，这样造成认证虽投资完成却不需使用的情况，浪费了资金的时间价值；②企业的发展就是为了盈利，增加利润留存，而企业盈利就得交税，现在不交税以后还得交，除非你永远不实现盈利，没有实现有效的避税作用；③企业在实现盈利后，其投资的成本都是一样的，在明年我们将继续实现盈利，因此，今年的投资成本并不会比明年的低，也没有获得成本节约的好处。

最后经过激烈的争论，决定取用第二种观点，这样企业的投资经营决策基本上产生，其次就是第二年的具体经营了。

表 5.38～表 5.41 是第二年的主要财务报表。

表 5.38 第二年现金流记录表　　　　　单位：M

年初		新年度规划会议				
		参加订货会	−8			
		制定新年度计划				
		支付应付税				
		支付长贷利息	−1			
		长期贷款还款				
		申请长期贷款	50			
	1	季初现金盘点	58	41	26	22
	2	短期贷款还本付息	−21	−21	−21	−21
	3	申请短期贷款	20	20	20	20
	4	原材料入库	−10	−8	−8	−9
	5	下原材料订单				
	6	购买/租用厂房				
	7	更新生产/完工入库				
	8	建/卖/转生产线				
	9	紧急采购原材料				
	10	开始下一批生产	−5	−5	−5	−5
	11	应收款收现			12	28
	12	按订单交货				
	13	产品研发投资			−1	−1
	14	厂房售/租/买				
	15	支付管理费/更新厂房租金	−1	−1	−1	−1
	16	出售库存				
	17	厂房贴现				
	18	应收款贴现				
	19	季末收入合计	20	20	32	48
	20	季末支出合计	−37	−35	−36	−37
	21	期末现金余额	41	26	22	33
年末		缴纳违约订单罚款				
		支付设备维护费				−5
		计提折旧				( )
		新市场开拓/ISO 认证				−3
		结账				25

表 5.39　第二年综合管理费用明细表　　　　　　　　单位：M

项目	金额	备注			
管理费	4				
广告费	8				
保养费	5				
租金					
转产费					
市场准入开拓	3	本地( )区域( )国内(√)亚洲(√)国际(√)			
ISO 资格认证	1	ISO 9000(√)		ISO 14000( )	
产品研发	2	P1( )	P2( )	P3(2)	P4( )
其他					
合计	23				

表 5.40　第二年利润表　　　　　　　　单位：M

时期	上年数	本年数	时期	上年数	本年数
销售收入		69	支付利息前利润	−13	21
直接成本		25	财务收入/支出		−5
毛利		44	其他收入/支出		
综合费用	13	23	税前利润	−13	16
折旧前利润	−13	21	所得税		1
折旧		0	净利润	−13	15

表 5.41　第二年资产负债表　　　　　　　　单位：M

资产	期初数	期末数	负债和所有者权益	期初数	期末数
流动资产：			负债：		
现金	17	25	长期负债	10	60
应收款		42	短期负债	80	80
在制品		14	应付账款		
成品		2	应交税金		1
原料			一年内到期的长期负债		
流动资产合计	17	83	负债合计	90	141
固定资产：			所有者权益：		
土地和建筑	40	40	股东资本	60	60
机器和设备		80	利润留存		−13
在建工程	80		年度净利	−13	15
固定资产合计	120	120	所有者权益合计	47	62
资产总计	137	203	负债和所有者权益	137	203

第二年末间谍时间

在这一期间我们了解到以下几个方面的信息：①其他很多小组都没有进行 P3 产品的研发，更增强了我们研发 P3 产品的信心；②很多的小组都没有投资生产线，基本没有新的小组研发 P2，市场的供求差距将进一步加大，销售将更加便利；③通过报表我们知道了其他的小组在这一年都还没有扭转亏损的局面，资产负债表上所有者权益都低于我们 15M 以上，可以说这些小组基本上没有扩大投资的能力，我们小组可以加大投资。从这些可以肯定，我们组现在有着得天独厚的优势，如果没有什么意外，夺冠只是时间问题了。

企业第三年的广告投资决策

这一次的广告策略很简单，由于产品供给严重少于市场需求，P2 产品供给和需求的差距更大，另外我们小组有区域市场老大的地位，销售相当容易，广告策略就按本地市场 P2 产品 3M，区域市场与国内市场对 P1 和 P2 产品分别 1M、3M。

本年的所有 21 个产品全部实现销售。

第三年财务估算

还是按照第二年拿到订单那样分工，采购总监计算本年度的采购情况，并向财务总监汇报本年各季度原材料入库所需资金情况；财务总监还是进行本年度的资金预算及规划本年度的交货及收款情况（包括租用小厂房，尽可能多的进行生产线投资）；市场总监还是粗略计算企业本年实现的利润，企业本年的销售毛利为 65M，发生的综合费用为 30M（管理费用 4M、广告费用 11M、保养费 5M、租金 3M、市场开拓 2M、ISO 认证 1M 及产品研发 4M），折旧费用为 16M（4 条全自动生产线×3＋1 条柔性生产线×4），财务费用为 10M（长期贷款利息 6M、短期贷款利息 4M），毛利减去这些支出和费用后企业实现利润为 9M，扣除所得税 3M，企业实现净利润 6M，本年末企业的所有者权益就能够达到 68M。下面讨论本年的经营策略。

融资：企业在年初的长期贷款还低于短期贷款，经营风险较大，另外企业今年实现的利润少，所有者权益只增长了 6M，相应的贷款额度也只增长了 20M，与前两年的贷款额度增长相比都有较大的差距。因此，企业为了减少经营风险，还是尽可能地多贷长期贷款，即年初应用长期贷款将贷款额度贷满。

产品研发、市场开拓、ISO 9000 认证：继续进行 P3 的研发，亚洲市场和国际市场的开拓及 ISO 9000 的认证。

生产线投资：经营理念就是尽可能多的投资新生产线，扩大企业的生产能力，通过财务预算及对交货时期的调节，本年在不需要贴现的情况下就可以投资 3 条的全自动生产线。但若真投资 3 条生产线的话，由于第四年企业的贷款额度增加少，而第四年随着 3 条生产线投产，并用于生产直接成本较高的 P3 产品，生产经营支出将增加一倍，企业很难维持正常生产经营，将要进行很多应收款的贴现；但若只投资 2 条生产线，企业为安装 1 条的生产线就得租用小厂房并支付 3M 的资金，成本太高不合算，很难给企业带来利润；但若只投资 1 条生产线，企业又得不到长足的发展。经过再三权衡，还是选择投资 3 条生产线，在第四年多用贴现来满足企业的生产经营需要。

厂房：确定了投资几条生产线，就得根据生产线安装的需要，选择租用小厂房。

在这些投资决策达成过程中，我们小组对产品的研发和 ISO 认证还发生了激烈争论。

本年应该进行 P4 产品的两期研发和 ISO 14000 的认证；企业本年有了投资能力，就应该开始进行 P4 产品的研发,在第五年企业就能够生产 P4 的产品,其优势为:①企业往高端产品、技术发展;②产品的多样化,易于实现销售并抢占市场;③毛利还略高于其他的三种产品,给予企业带来更多的利润;④第六年经营完成,还能得到加分。由于投资两期 P4 产品的研发,为了有效合理地进行避税,有必要提前一期进行 ISO 14000 的认证,这样才能使企业实现的利润正好为 3 的倍数,税负最轻。

相反观点认为:市场供求差距在加剧,P2 和 P3 产品尤其明显,企业的销售不成问题,现在企业的关键就是要加大生产线的投资,集中发展 P2 和 P3 两种产品,多生产并实现销售。但若进行 P4 产品的投资,第一,限制企业对生产线的投资,很难实现企业产能的增加;第二,投资后最多生产出 21 个产品(新投资的两条全自动生产线加已有的柔性生产线共生产两年),如果按每个产品多实现 0.5M 的毛利,一共也只能多实现 10.5M 的毛利,但投资 P4 产品研发就花费了 12M 的费用,还有多投资及直接成本的增加等财务费用的增加,企业连成本都无法收回;第三,研发 P4 产品尽管能加到 15 分的权重,若估计企业最终的所有者权益为 140 的话,也就能加到 21 分,如果不是多加权重,而是所有者权益的增加,只需要 7M 就能加到 21 分。相比而言,努力增加权益比投资 P4 更容易加到更多的分。

最后我们采用了反方的观点,没有进行 P4 产品的研发,也没有提前进行 ISO 14000 的认证。其后进行第三年生产经营,表 5.42~表 5.45 是本年的主要财务报表。

表 5.42　第三年现金流记录表　　　　　　　　　　　单位:M

第三年现金流记录表					
年初	新年度规划会议				
	参加订货会	−11			
	制定新年度计划				
	支付应付税	−1			
	支付长贷利息	−6			
	长期贷款还款				
	申请长期贷款	40			
1	季初现金盘点	47	65	65	60
2	短期贷款还本付息	−21	−21	−21	−21
3	申请短期贷款	20	20	20	20
4	原材料入库	−10	−9	−7	−9
5	下原材料订单				
6	购买/租用厂房		−3		
7	更新生产/完工入库				
8	建/卖/转生产线		−15	−15	−15
9	紧急采购原材料				

续表

10	开始下一批生产	−5	−5	−5	−5
11	应收款收现	36	35	25	
12	按订单交货				
13	产品研发投资	−1	−1	−1	−1
14	厂房售/租/买				
15	支付管理费/更新厂房租金	−1	−1	−1	−1
16	出售库存				
17	厂房贴现				
18	应收款贴现				
19	季末收入合计	56	55	45	20
20	季末支出合计	−38	−55	−50	−52
21	期末现金余额	65	65	60	28
年末	缴纳违约订单罚款				
	支付设备维护费				−5
	计提折旧				−16
	新市场开拓/ISO认证				−3
	结账				20

表 5.43 第三年综合管理费用明细表   单位：M

项目	金额	备注			
管理费	4				
广告费	11				
保养费	5				
租金	3				
转产费					
市场准入开拓	2	本地( )区域( )国内( )亚洲(√)国际(√)			
ISO资格认证	1	ISO 9000(√)		ISO 14000( )	
产品研发	4	P1( )	P2( )	P3(4)	P4( )
其他					
合计	30				

表 5.44 第三年利润表   单位：M

时期	上年数	本年数	时期	上年数	本年数
销售收入	69	122	支付利息前利润	21	19
直接成本	25	57	财务收入/支出	−5	−10
毛利	44	65	其他收入/支出		
综合费用	23	30	税前利润	16	9
折旧前利润	21	35	所得税	1	3
折旧	0	−16	净利润	15	6

表 5.45 第三年资产负债表   单位：M

资产	期初数	期末数	负债和所有者权益	期初数	期末数
流动资产：			负债：		
现金	25	20	长期负债	60	100
应收款	42	68	短期负债	80	80
在制品	14	14	应付账款		
成品	2		应交税金	1	3
原料			一年内到期的长期负债		
流动资产合计	83	102	负债合计	141	183
固定资产：			所有者权益：		
土地和建筑	40	40	股东资本	60	60
机器和设备	80	64	利润留存	−13	2
在建工程		45	年度净利	15	6
固定资产合计	120	149	所有者权益合计	62	68
资产总计	203	251	负债和所有者权益	203	251

第三年末间谍时间

了解到只有几个的小组生产 P2 和 P3，并且产能有限，各小组连大厂房都还没有安装完生产线，所有者权益也都低于我们组 20M 以上，都很难跟上我们组的发展。

企业第四年的广告投资决策

同样，由于市场供给严重跟不上市场的需求，特别是 P2 和 P3 供给量更是少之又少，企业就主打 P2 和 P3 两种产品，另外企业还有两个市场老大的地位。销售更是轻而易举了。

第四年财务估算

参加竞货会，本年产品全部销售，其后同其他年一样各自计算，市场总监计算企业销售实现的毛利是 101M，发生的综合费用为 33M（管理费用 4M、广告费用 14M、保养费 8M、租金 3M、市场开拓 2M 及 ISO 认证 2M),折旧费用为 16M (4 条全自动生产线×3+1 条柔性生产线×4),财务费用为 20M (长期贷款利息 10M、短期贷款利息 4M、贴现费用估计 6M),毛利减去这些支出和费用后企业实现利润为 32M,扣除所得税 11M,企业实现净利润 21M,本年末企业的所有者权益就能够达到 89M。以下是本年的经营策略。

融资、市场开拓、小厂房、ISO 认证:年初还是一如既往的用长期贷款贷满贷款额度。另外继续进行市场的开拓和小厂房的租用。同时开始 ISO 14000 的认证。

生产线投资:按财务总监的预算,企业如不新投资生产线,本年只需要花费 3M 的贴现费用就能维持其正常生产经营,这样企业本年的盈利就为 35M,扣完所得税 12M 后,企业的净利润就是 23M,所有者权益能达到 91M,贷款额度将增长 70M,加上企业明年应收账款的收回,企业明年的投资生产能力将极大地增强,但同时无形资产的投资越来越少,固定资产也增长缓慢。企业今年是否可通过贴现来进行生产线的投资呢?财务总监又重新进行预算,通过对交货时期的调整进一步调整应收账款的收回情况,企业再花费 4M 的贴现费用就可以投资 2 条的全自动生产线,而这 4M 的费用支出只影响了 10M 的贷款额度,对企业明年的生产经营基本没有影响。经过分析讨论,一致同意选择投资生产线。在确定投资生产线后,企业本年的税前利润变为 31M,为了合理避税,企业还有 1M 的资金可利用,在没有项目可投资而明年年初长期借款前又要支出大量资金情况下,决定在本年年末贴现收回了 9M 的资金。

表 5.46~表 5.49 是第四年的主要财务报表。

表 5.46 第四年现金流记录表　　　　　　　　单位:M

年初	新年度规划会议				
	参加订货会	−14			
	制定新年度计划				
	支付应付税	−3			
	支付长贷利息	−10			
	长期贷款还款				
	申请长期贷款	20			
1	季初现金盘点	31	42	34	37
2	短期贷款还本付息	−21	−21	−21	−21
3	申请短期贷款	20	20	20	20
4	原材料入库	−18	−18	−18	−18
5	下原材料订单				
6	购买/租用厂房				
7	更新生产/完工入库				
8	建/卖/转生产线		−10	−10	−10
9	紧急采购原材料				

续表

10	开始下一批生产	−8	−8	−8	−8
11	应收款收现	39	33		52
12	按订单交货				
13	产品研发投资				
14	厂房售/租/买				
15	支付管理费/更新厂房租金	−1	−4	−1	−1
16	出售库存				
17	厂房贴现				
18	应收款贴现	18		41	9
19	季末收入合计	59	53	61	81
20	季末支出合计	−48	−61	−58	−58
21	期末现金余额	42	34	37	60
年末	缴纳违约订单罚款				
	支付设备维护费				−8
	计提折旧				−16
	新市场开拓/ISO 认证				−4
	结账				48

表 5.47 第四年综合管理费用明细表 单位：M

项 目	金 额	备 注			
管理费	4				
广告费	14				
保养费	8				
租金	3				
转产费					
市场准入开拓	2	本地( )区域( )国内( )亚洲(√)国际(√)			
ISO 资格认证	2	ISO 9000( )		ISO 14000(√)	
产品研发		P1( )	P2( )	P3( )	P4( )
其他					
合计	33				

表 5.48　第四年利润表　　　　　　　　　　　　单位：M

时期	上年数	本年数	时期	上年数	本年数
销售收入	122	199	支付利息前利润	19	52
直接成本	57	98	财务收入/支出	-10	-22
毛利	65	101	其他收入/支出		
综合费用	30	33	税前利润	9	30
折旧前利润	35	68	所得税	3	10
折旧	-16	-16	净利润	6	20

表 5.49　第四年资产负债表　　　　　　　　　　单位：M

资产	期初数	期末数	负债和所有者权益	期初数	期末数
流动资产：			负债：		
现金	20	48	长期负债	100	120
应收款	68	61	短期负债	80	80
在制品	14	26	应付账款		
成品			应交税金	3	10
原料			一年内到期的长期负债		
流动资产合计	102	135	负债合计	183	210
固定资产：			所有者权益：		
土地和建筑	40	40	股东资本	60	60
机器和设备	64	93	利润留存	2	8
在建工程	45	30	年度净利	6	20
固定资产合计	149	163	所有者权益合计	68	88
资产总计	251	298	负债和所有者权益	251	298

 第四年末间谍时间

了解到整个市场的供求情况，其他小组的产能都小，供给少于需求，P2 和 P3 产品更为明显。

 企业第五年的广告投资决策

现在已经开拓完成 4 个市场，企业有着两个市场老大的地位，P2 和 P3 优势明显。广告策略对于每个细分市场都为 1M 或者 3M。产品全部销售。

 第五年财务估算

本年拿了订单后，还是分工计算，企业本年的销售实现的毛利是 129M，发生的综合费用为 40M（管理费用 4M、广告费用 20M、保养费 10M、租金 3M、市场开拓 1M 及 ISO 认证 2M），折旧费用为 25M（7 条全自动生产线×3＋1 条柔性生产线×4），财务费用为 20M（长期贷款利息 16M、短期贷款利息 4M），毛利减去这些支出和费用后企业实现利润为 44M，扣除所得税 14M，企业实现净利润 30M，本年末企业的所有者权益就能够达到 118M。企业的各项投资基本完成，企业今年没有什么重要的策略。

融资、市场开拓、ISO 认证：年初用长期贷款贷满贷款额度，继续 ISO 14000 的认证和市场开拓。

小厂房：财务总监通过资金的预算，企业本年资金充沛，可以在第二季度将小厂房由租用转为购买，减少 3M 的租金支出。

表 5.50～表 5.53 是本年度的主要财务报表。

表 5.50　第五年现金流记录表　　　　　　　　单位：M

年初	新年度规划会议				
	参加订货会	－20			
	制定新年度计划				
	支付应付税	－10			
	支付长贷利息	－12			
	长期贷款还款				
	申请长期贷款	20			
1	季初现金盘点	26	61	48	45
2	短期贷款还本付息	－21	－21	－21	－21
3	申请短期贷款	60	20	20	20
4	原材料入库	－25	－24	－22	－24
5	下原材料订单				
6	购买/租用厂房				
7	更新生产/完工入库				
8	建/卖/转生产线				
9	紧急采购原材料				
10	开始下一批生产	－10	－10	－10	－10
11	应收款收现	14	53	31	76
12	按订单交货	18			
13	产品研发投资				
14	厂房售/租/买		－30		
15	支付管理费/更新厂房租金	－1	－1	－1	－1
16	出售库存				

续表

17	厂房贴现				
18	应收款贴现				
19	季末收入合计	92	73	51	96
20	季末支出合计	−57	−86	−54	−56
21	期末现金余额	61	48	45	85
年末	缴纳违约订单罚款				
	支付设备维护费				−10
	计提折旧				−25
	新市场开拓/ISO 认证				−3
	结账				72

表 5.51 第五年综合管理费用明细表 单位：M

项　　目	金　　额	备　　注
管理费	4	
广告费	20	
保养费	10	
租金		
转产费		
市场准入开拓	1	本地(　)区域(　)国内(　)亚洲(　)国际(√)
ISO 资格认证	2	ISO 9000(　)　　　　　　　　ISO 14000(√)
产品研发		P1(　)　　P2(　)　　P3(　)　　P4(　)
其他		

表 5.52 第五年利润表 单位：M

时　　期	上年数	本年数	时　　期	上年数	本年数
销售收入	195	256	支付利息前利润	48	67
直接成本	98	127	财务收入/支出	−18	−16
毛利	97	129	其他收入/支出		
综合费用	33	37	税前利润	30	51
折旧前利润	64	92	所得税	10	17
折旧	−16	−25	净利润	20	34

表 5.53 第五年资产负债表 单位：M

资产	期初数	期末数	负债和所有者权益	期初数	期末数
流动资产：			负债：		
现金	48	72	长期负债	120	130
应收款	61	125	短期负债	80	120
在制品	26	34	应付账款		
成品			应交税金	10	17
原料			一年内到期的长期负债		10
流动资产合计	135	231	负债合计	210	277
固定资产：			所有者权益：		
土地和建筑	40	70	股东资本	60	60
机器和设备	93	98	利润留存	8	28
在建工程	30		年度净利	20	34
固定资产合计	163	168	所有者权益合计	88	122
资产总计	298	399	负债和所有者权益	298	399

 第五年末间谍时间

了解市场的供给情况，与第三、第四年相似，市场供给量已基本确定，各小组市场占有率已经基本成形。

 企业第六年的广告投资决策

5个市场已经全部开拓完成，并有3个的市场老大地位，广告思路也同前面几年相同。

 第六年财务估算

本年资金充足，由于今年的借款已经不需要支付利息了，企业在年初将长期贷款贷满，财务总监不需要进行资金的预算，可以直接进行生产经营了，同时，采购总监也不必要根据各季度生产什么产品来进行原材料的订购，可以直接通过销售了的所有产品需要的原材料，减去在产品占用的、库存着的以及还没有入库的原材料，就是企业本年需要采购的原材料，不需要分期订购，一次订购即可。

表5.54~表5.57是第六年的主要财务报表。

表 5.54 第六年现金流记录表 单位：M

年初	新年度规划会议	
	参加订货会	−17
	制定新年度计划	
	支付应付税	−17
	支付长贷利息	−14
	长期贷款还款	−10
	申请长期贷款	110

续表

1	季初现金盘点	124	188	170	238
2	短期贷款还本付息	−63	−21	−21	−21
3	申请短期贷款	60	20	20	20
4	原材料入库	−26	−34	−10	
5	下原材料订单				
6	购买/租用厂房				
7	更新生产/完工入库				
8	建/卖/转生产线				
9	紧急采购原材料				
10	开始下一批生产	−10	−10	−10	
11	应收款收现	89	28	90	54
12	按订单交货	15			
13	产品研发投资				
14	厂房售/租/买				
15	支付管理费/更新厂房租金	−1	−1	−1	−1
16	出售库存				
17	厂房贴现				
18	应收款贴现				
19	季末收入合计	164	48	110	74
20	季末支出合计	−100	−66	−42	−22
21	期末现金余额	188	170	238	290
年末	缴纳违约订单罚款				
	支付设备维护费				−10
	计提折旧				−31
	新市场开拓/ISO认证				
	结账				280

表5.55 第六年综合管理费用明细表　　　　　单位：M

项　目	金　额	备　注
管理费	4	
广告费	17	
保养费	10	
租金		

续表

项　目	金　额	备　注
转产费		
市场准入开拓		本地（　）区域（　）国内（　）亚洲（　）国际（　）
ISO 资格认证		ISO 9000（　）　　　　　　　　ISO 14000（　）
产品研发		P1（　）　　P2（　）　　P3（　）　　P4（　）
其他		
合计	31	

表 5.56　第六年利润表　　　　　　　　　　　　　　单位：M

时　期	上年数	本年数	时　期	上年数	本年数
销售收入	256	276	支付利息前利润	67	80
直接成本	127	134	财务收入/支出	−16	−20
毛利	129	142	其他收入/支出		
综合费用	37	31	税前利润	51	60
折旧前利润	92	111	所得税	17	20
折旧	−25	−31	净利润	34	40

表 5.57　第六年资产负债表　　　　　　　　　　　　单位：M

资　产	期初数	期末数	负债和所有者权益	期初数	期末数
流动资产：			负债：		
现金	72	280	长期负债	140	190
应收款	125	125	短期负债	120	120
在制品	34		应付账款		
成品			应交税金	17	20
原料			一年内到期的长期负债		50
流动资产合计	231	405	负债合计	277	380
固定资产：			所有者权益：		
土地和建筑	70	70	股东资本	60	60
机器和设备	98	67	利润留存	28	62
在建工程			年度净利	34	40
固定资产合计	168	137	所有者权益合计	122	162
资产总计	399	542	负债和所有者权益	399	542

结束语

本次比赛主要得益于企业第一年投资战略的选择，选择多投资一条生产线，一共投资5条的生产线，使得第二年就开始盈利是胜利的关键。当然，在后面的每一年我们都继续发挥第一年所取得的优势，使得企业能够一直领先到最后，可以想象如果我们在后面的几年经营不好的话，也可能会将胜利的果实拱手相让。

5.3 第十二届ERP沙盘全国赛

本次国赛的规则使用的是商战平台，和以往相比流程基本相同，但在投资和产品组成方面有很大差距，表5.58～表5.64中列示的是本次国赛的规则相关情况。

表5.58 产品研发

产品构成	R1/个	R2/个	R3/个	R4/个	R5/个	P1/个	P2/个	加工费用/W[①]	直接成本/W	研发费/(W/季)	研发周期/季	总费用/W
P1		1						13	21	7	3	21
P2			1	1				8	29	14	2	28
P3	1	1		1				12	41	10	4	40
P4		1				1		8	49	13	4	49
P5		1		1			1	14	62	13	5	62

① 商战平台中使用"W"来表示金额的数量级，1W为1万。全书下同。

表5.59 原材料采购

名称	材料单价/W	提前期/季
R1	10	1
R2	8	1
R3	10	2
R4	11	2

表5.60 ISO认证

认证	ISO 9000	ISO 14000
时间/年	1	3
费用/W	66	22
总计/W	66	66
分值/分	8	10

表5.61 生产线投资

名称	购买价格/W	安装周期/季	生产周期/季	总转产费用/W	转产周期/季	维护费用/W	残值/W	折旧费/W	折旧年限/年	分值/分
手工线	33	0	2	0	0	8	9	6	5	0
租赁自动线	0	0	1	20	1	66	−88	0	0	0
自动线	144	4	1	20	1	19	20	31	5	8
柔性线	201	3	1	0	0	21	45	39	5	10

表 5.62 厂房投资

厂房	买价/W	租金/(W/年)	售价/W	容量/条	分值/分
大厂房	444	44	444	5	10
中厂房	333	33	333	4	8
小厂房	233	23	233	3	6

表 5.63 市场开拓

市场	开发费/(W/年)	时间/年	分值/分
本地	11	1	0
区域	11	1	7
国内	11	2	8
亚洲	9	3	9
国际	11	4	10

表 5.64 筹资方式

筹资类型	贷款时间	贷款额度	年息	还款方式
长期贷款	每年年初	长短总额为权益的3倍	14%	年初付息，到期还本
短期贷款	每季度初	长短总额为权益的3倍	6%	到期还本、付息
资金贴现	任何时间	视应收款额	贴息10% 贴息12.5%	变现时贴息

总经理：本次比赛与以往不同，贷款利息、产品组成、ISO认证费用以及生产线投资费用都与之前有很大的差别，这就需要我们做更加精细的预算，我们没有直接的经验可循，可以说是从零开始，我们需要计算出最佳的贷款方式以及产品构成，任务十分严峻。虽然很难，但是相信各位已经做好准备去迎接接下来的挑战了。阅读完本次比赛的规则，相信大家也有了很多自己的想法，那么请大家说一下自己的想法吧。

采购总监：从采购的角度分析，我认为此次比赛跟以往相比，有两个重要改变。首先是资金投资的改变。原料不再是每种都为10W，无疑增加了每季原料入库费用的计算难度，从预算到正式走盘，将耗费更多的时间。其次是产品所需原料配置发生了很大的改变。此次比赛，产品组成中公用原料的作用被极大地削弱。当两种产品开局时，原料至少为三种，如此一来为保证生产的灵活性，资金占用将更多，而大量的资金占用在开局初是很危险的。这样的规则对于团队配合要求更高，采购需要与财务以及生产做好沟通工作，减少不必要的失误。

总经理：采购总监说得十分有见地，我认为这个意见很重要，那么作为比赛中十分重要的市场部分，请市场总监给我们介绍一下市场的需求预测情况。

市场总监：我们来看一下整个市场的预测情况。让我们从第二年开始分析，如下表5.65所示，这是我根据市场预测统计出来的市场各年的产品总需求、各小组的平均需求、各小组对于各产品的平均需求。我说明一下，我将P1单独列了出来，原因如下：P1产品的平均利润是所有产品中最低的，会把市场中产品的平均利润拉低；P1 的市场需求量最大，会影响我们对于市场实际需求的判断；由于 P1 较之前我们打的比赛而言，研发周期较长，成本也相应增加了，这很容易导致我们对于 P1 产品的判断出现失误。为了防止 P1 产品对于我们定策略产生干扰，因此我将 P1 单独列出来，并将其去掉之后进行统计，如表 5.66 和表 5.67 所示。

表 5.65 市场预测转换表

年数	总产能	P1 需求量/个	除去 P1 的总产能	平均总产能	平均除去 P1 产能
第 2 年	730	207	523	23.548 387 1	16.870 967 74
第 3 年	1093	266	827	35.258 064 52	26.677 419 35
第 4 年	985	176	809	31.774 193 55	26.096 774 19
第 5 年	682	160	522	22	16.838 709 68
第 6 年	1412	244	1168	45.548 387 1	37.677 419 35

表 5.66 产能分析表

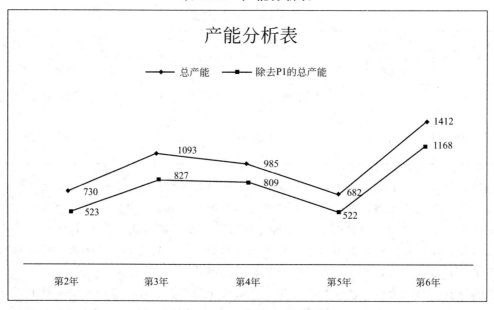

表 5.67 产品分析表

平均需求量	P1/个	P2/个	P3/个	P4/个	P5/个
第 2 年	6.677 419 355	5.451 612 903	4.774 193 548	2.064 516 129	1.258 064 516
第 3 年	8.580 645 161	6.935 483 871	6.322 580 645	3.741 935 484	2.967 741 935
第 4 年	5.677 419 355	5.451 612 903	5.935 483 871	3.741 935 484	3.612 903 226
第 5 年	5.161 290 323	4.516 129 032	4	2.225 806 452	1.935 483 871
第 6 年	7.870 967 742	7.032 258 065	9.032 258 065	6.258 064 516	4.548 387 097

从以上的这些数据我们可以看出：在需求方面，第二年市场的平均需求很大，但第三年略微增长之后，后面两年的平均需求连续下降；价格方面，所有产品的利润更是逐年递减。因此第二年和第三年，我们与竞争对手是在产能上面的竞争，谁产能大，谁的利润就高；而在第四年、第五年，是在销售上面的竞争，谁能使费用的利用率更高，谁就占据更大的主动权。所以我们必须选择战略，使得我们能够提供的产能与市场需求相匹配，稍高于市场对各小组的平均需求量。

生产总监：从生产的角度而言，企业要有高的产能，就要多投资生产线、购买或租用厂房、多进行产品的研发及原材料的采购等，但是同时进行这几项的投入财务方面会面临很大的困难，所以我们应该有一定的取舍。我建议使用租赁线，抓住前两年高需求、高利润的市场特点，同时在第四年、第五年市场需求和利润均下降的情况下，可以更换生产线为最后一年的拼搏而准备。使用租赁线的费用很高，这就需要财务的仔细计算了。

财务总监：企业的各项投资，都需要占用很多的资金。本次大赛的初始资金只有666W，如果按照生产总监的意见，那我们必须卖出尽可能多的产能，相应地，为了这些产能，我们必须投入更多的广告费。因此我认为，我们不能盲目地追求高产能，必须适当的，稳步地进行投资选择。

采购总监：我认为原料的采购既要满足市场总监与生产总监对于灵活排产、多种方案抢单的要求，又要满足财务总监对于资金流的管控，因此我觉得最主要的是要确定咱们要走怎样的产品、怎样建线。

总经理：大家的想法都很有道理，但是最终我们只能确定一种方案，这就需要更精细一点的预算和决策了。

市场总监：我现在想出了两种产品组合，分别是P1＋P2开局和P2＋P3开局。从市场上看，这两种开局的产品都可以卖完，当然，产能越大越好了。

总经理：按照这次的市场和规则，这两种产品都是可行的。但是具体能够有多大的产能，就需要生产总监的计算了。

生产总监：对于P2＋P3的开局来说，这两种产品都属于高利润和高需求的产品，我认为应该抓住市场的机遇。P2在本次规则中研发周期只有两季，P3研发需要四季，可以在第一年第三季建手工线产P2，第二年第一季上自动租赁线产P3，这样，我们能卖出尽可能多的P2和P3。对于P1＋P2的开局来说，由于P1的研发周期为三季，我们可以在第一年第三季上手工线产P2，第二年第一季上手工线产P1和P2，相对而言，P1、P2的利润并不是很高，所以不上租赁线。但是具体上多少条线，需要采购总监先算一下每一季需要购买的原材料，然后财务总监去算一下应该上几条线。

采购总监：我赞同生产总监的想法，对于P2＋P3的开局来说，它们消耗原料较多，这样占用资金就很多，对于生产线的限制比较大，但由于租赁线有转产周期和转产费用，灵活性很差，我们可以建造手工线来调节产品类型。经过我的计算，每生产一个P2需要21W的原材料和8W的生产费，一共需要29W的成本；每生产一个P3，需要29W的原材料和12W的生产费，一共需要41W的成本。对于P1＋P2的开局来说，消耗原料较少，但利润较低，因此正如生产总监所说，用手工线生产性价比很高。经过我的计算，每生产一个P1需要8W的原材料和13W的加工费，一共需要21W的成本。财务总监做一下接下来的预算吧，看看我们在两种情况下分别能够上多少条线。

财务总监：经过我的预算，以P2＋P3开局来说，我们可以以短贷的方式，在第一年第三季购买一个厂房，并建5条手工线生产P2，在第二年第一季最多可以建4条手工线以及5条租赁线。这样市场总监对于产品的分配以及广告额的要求是怎样的？

市场总监：通过对市场的分析，我觉得这种情况下，以230W的广告我预计可以卖掉15个P3和14个P2，但个数上可以有所调整，并且从长远来看P3的潜力高于P2，我建议租赁线产P3。

财务总监：是的，我跟生产总监与采购总监沟通了一下，这样原料对于财务压力较大，在不多下原料的情况下，第二年第一季允许生产9个P3和5个P2。但如果以这种情况卖出去的话，我们第二年的权益会达到600W左右。

总经理：现在已经讨论完了P2+P3的开局，市场先考虑一下是否可行，我们来讨论一下P1+P2的开局，财务总监算一下这种情况的开局。

财务总监：对于P1+P2的开局来说，我们依旧以短贷的方式为主，在第一年第三季购买一个厂房，并建5条手工线生产P2，在第二年第一季可以建10条手工线。这样的话市场总监对于产品的分配以及广告额的要求是怎样的？

市场总监：我觉得这种情况下，以100W的广告我预计可以卖掉10个P1和10个P2，但个数上会有所调整，因为都是手工线，灵活性很大，所以是否能够多下点原料？

财务总监：可以多下3个产品的原料来灵活排产。而且以这种情况卖出去的话，我们第二年的权益会达到580W左右。

总经理：那经过财务总监的预算，就第二年来说，P2+P3的开局利润更高，而且P2+P3的开局在第三年产能更大。因此，我认为本次国赛我们就采用P2+P3的开局吧。而且我们可以在第一年研发一季P5，如果P5市场松的话在第三年就可以去卖高端产品了。

财务总监：那我们就按照之前的打法，ISO、市场全部投资。

总经理：好的。

第二天早晨，大家按照市场总监所说的研发P2，P3和一季P5，市场、ISO全开。并在第一年第三季建造了5条手工线生产P2，在第二年第一季下了9个P3和5个P2的原材料。方案确定。如表5.68～表5.70所示。

表5.68　第一年综合费用表

项目	金额/W
管理费	44
广告费	0
维护费	40
损失	
转产费	0
厂房租金	0
市场开拓	53
ISO认证	88
产品研发	81
信息费	0
合计	306

表5.69　第一年利润表

项目	金额/W
销售收入	0
直接成本	0
毛利	0
综合费用	306
折旧前利润	−306
折旧	
支付利息前利润	−306
财务费用	0
税前利润	−306
所得税	0
净利润	−306

表 5.70 第一年资产负债表 单位：W

资产	期初数	期末数	负债和所有者权益	期初数	期末数
流动资产：			负债：		
现金	666	230	长期负债		0
应收款		0	短期负债		624
在制品		145	应交税金		0
产成品		—			
原材料		—			
流动资产合计	666	375	负债合计		624
固定资产：			所有者权益：		
厂房		444	股东资本	666	666
生产线			利润留存	0	0
在建工程		165	年度净利	0	−306
固定资产合计		609	所有者权益合计	666	360
资产总计	666	984	负债和所有者权益	666	984

企业第二年的广告投资决策

市场总监：通过间谍我们知道生产 P2 和 P3 的竞争对手虽多，但相对于巨大的市场来说，卖掉之前预算的 25 个产品还是有信心的。对于广告额，为了保险起见，我认为应该适当增加，预计要 230W 的广告，财务那里是否紧张？

财务总监：只要能卖出去产品，230W 的广告没有问题。

采购总监：我们在订购原材料时，也多订购了原料，可有 3 个自由产能，在抢单时也比较方便。

生产总监：对。原计划我们上 5 条租赁线生产 P3，这样就是说 2、3、4 季各能交 5 个 P3，第一年的手工线已经生产出 5 个 P2 可以在第一季交货，5 条手工线第三季可以产出 3 个 P3 和 2 个 P2 或 5 个 P2，也就是说有 3 个自由产能。

市场总监：好的。这样的话更容易抢单。我打算 P2 产品在本地市场投 70W，P3 产品在本地和区域市场各投 78W，共 226W 的广告额，不知大家有其他意见吗？

总经理：我有个疑问，P2 为什么只投一个市场，把 70W 分在两个市场是否会更好？P3 产品的广告为什么不在一个市场投相对高的广告，另一个投相对低的广告，按照所谓的"高低打法"？

市场总监：P2 产品投一个市场高广告可以保证有回单，几乎可以满足我们的需求量并且这个市场的均价较高。P3 产品都打一个相对较高的广告，都吃到回单的机会较大，也就是说我们可以得到更多 P3 的机会越大，那 3 个自由产能可以用起来，毕竟 P3 的利润高。

总经理：你说的有道理，但我觉得 P2 分开打，P3 广告"高低打"比较稳妥。

市场总监：你说的也有道理，但我还是认为按照我投广告的策略更合适。

总经理：好的，时间快到了，就按照你的策略来。

在参加订货会中未能按照原来的预算抢单，只卖出 8 个 P2 产品与 14 个 P3 产品。也许是投广告策略失误,也许是之前我们对市场预测研读的并不透彻。事实已定,我们要做的便是策略上的调整,随机应变。

 第二年财务估算

在企业拿到订单后,财务总监就开始进行本年度的资金预算及规划本年度的交货;采购总监开始计算本年度的原材料订购,并向财务总监汇报本年度每季原材料入库所需的资金;市场总监对本年度的成本费用等进行简单计算,很快就计算出了企业本年销售实现的毛利为1107W,比我们预期销售25个产品、实现1220W的毛利有所差距。故而我们根据卖出的产品来改变建线计划,最终决定建4条租赁线与一条手工线。财务紧接着算出今年的综合费用为730W,财务费用为121W,折旧为30W,企业本年可实现利润为226W,并不能弥补上年亏损306W。了解这些情况后,大家开始本年的经营投资决策。

融资:第二年情况并不乐观,贷款额度还剩771W,我们决定仍旧以短贷的方式进行融资,每季度的短贷数额财务总监都已精确算好,不会出现资金断流,这样相比长贷会省出财务费用。

厂房与生产线:第二年的情况来说,我们并不需要把第一年所买的大厂房贴现,只需再租一个即可。对于生产线,6条手工线+4条租赁线,其产能并不算低,本身也没有更多的资金来新建生产线。第三年的市场需求量依旧大,而且还有竞单,所以并不需要拆除租赁线,最重要的是拆不起。

产品研发:今年企业并未弥补上年亏损,如果按照预算继续研发P5,我们的权益会降得更低,那对于第三年而言将带来很大的困难。而P1需要研发三季,基于间谍情况,我们可能会在今后利用手工线生产P4,故在本年第四季研发一季P1。

ISO认证与市场开拓:之前多次的训练告诉我们,ISO与市场开拓都要尽早完成,除非是极特殊情况。一般而言,ISO与市场对后期的发展有着关键作用,影响极大。虽未能弥补上年亏损,我们还是应该继续投资ISO与市场。

原材料及生产:利用手工线随时转产的优势,我们多下了4个原料可以有3个自由产能。在确定第三年一季可交的产品时,我们认为虽然P3产品利润高,但竞争大,生产成本高占用资金,结合企业实际情况及市场分析,在本年第三季,5条手工线生产P2一条产P3,4条自动租赁线产继续生产P3。

经过认真地分析与激烈地讨论,企业的投资经营决策基本产生,其次就是第二年的具体经营了,如表5.71~表5.73所示。

表 5.71 第二年综合费用表

项目	金额/W	项目	金额/W
管理费	44	市场开拓	31
广告费	226	ISO认证	22
维护费	312	产品研发	7
损失		信息费	0
转产费	0	合计	730
厂房租金	88		

表 5.72　第二年利润表

项目	金额/W	项目	金额/W
销售收入	1913	支付利息前利润	347
直接成本	806	财务费用	121
毛利	1107	税前利润	226
综合费用	730	所得税	0
折旧前利润	377	净利润	226
折旧	30		

表 5.73　第二年资产负债表

资产	期初数	期末数	负债和所有者权益	期初数	期末数
流动资产：			负债：		
现金	230	0	长期负债	0	0
应收款	0	1119	短期负债	624	1080
在制品	145	350	应交税金	0	0
产成品	0	29	—		
原材料	0		—		
流动资产合计	375	1498	负债合计	624	1080
固定资产：			所有者权益：		
厂房	444		股东资本	666	666
生产线	0	168	利润留存	0	−306
在建工程	165		年度净利	−306	226
固定资产合计	609	168	所有者权益合计	360	586
资产总计	984	1666	负债和所有者权益	984	1666

第二年末间谍时间

在这一期间我们了解到以下信息：并没有新的企业进入 P2 和 P3 的竞争，而且我们企业的产能是相对较大的，虽然权益并不领先，但如果能在第三年卖出所有的产品，我们企业将会有很大的提升，而且第三年会有竞单，卖出产品应该没有大问题，关键是怎样卖好。

企业第三年的广告投资决策

第三年有竞单，而且总体产品供给略小于市场需求，因此在竞争不太激烈的 P2 产品上，我们可以少投一些广告。但考虑到 P3 的竞争十分激烈，而且我们 P3 每一季的产能相当大，所以我们必须在 P3 上投入较多的广告以保证我们的产能能够消耗。广告策略按本地市场（P2：10W，P3：35W）、区域市场（P2：41W，P3：98W）、国内市场（P2：45W，

P3：72W）。

  第三年财务估算

还是按照第二年拿到订单那样进行分工，生产总监排好每一季需要生产的产品并告知采购总监计算本年的采购计划，生产总监排完产后发现，我们需要上9条手工线＋1条自动租赁线，采购总监向财务总监汇报每一季生产以及原材料入库的花费情况；财务总监进行本年度的资金流预算及收款情况（包括租用厂房、尽可能多的进行生产线投资）。市场总监计算出我们本年能够增长的权益，企业本年的毛利润可以达到1923W，发生的综合费用为1250W（管理费44W，广告费325W，维护费450W，损失95W，厂房租金176W，市场开拓20W，ISO认证22W，产品研发118W），折旧费用36W（6条手工线的折旧费），财务费用237W（贴现费用174W，长贷利息0W，短贷利息63W），毛利减去各项费用实现息税前利润400W，扣除所得税80W，最终第三年我们的权益可以增长320W。下面讨论本年的经营策略。

贷款：当企业长期贷款足够还上短期贷款时，是可以贷比较多的短贷去提高权益的。由于本年的利润较高，因此我们增加了第一季度的短期贷款，共贷款了724W。同时，增加了444W的长期贷款。比前两年的贷款总额增加了很多。短贷的利息相较长贷而言低了很多，因此在资金流无断流风险的情况下，适当多贷短期贷款有利于企业费用的降低。

产品研发、市场开拓、ISO认证：研发了P1、P4、P5，继续亚洲、国际市场的开拓，继续ISO 14000的认证。

生产线投资：生产经营的主要目标就是提高产能，扩大企业生产规模，通过对财务的预算以及交货时间的调节，提高利润。考虑到第三年市场的需求很大，我们决定增加9条手工线的投资以及1条自动线的投资，从而尽可能地增加我们的权益。由于第四年贷款额度的上升，我们有比较充足的资金去生产我们的产品，因此选择了扩大产能。

厂房：根据我们的生产计划，我们选择租用了4个大厂房。

在这些投资决策达成一致的过程中，我们小组对于产品的研发产生了激烈的讨论。

本年应该进行P4、P5的研发，这样在第四年我们就可以生产P5，其优势在于：可以实现产品的多样性，易于销售产品以及降低广告费用。由于市场上P3竞争日趋激烈，应该卖一些高端产品去消耗产能，但如果选择研发产品，势必要降低我们的利润，很难进行后续生产线的更换。其次，产品的多样化必然导致我们市场广告的分散，这样就需要订购的更多原材料，从而使我们的资金流变得更加紧张。

最后，我们还是选择了研发产品，其后进行了第三年的经营。如表5.74～表5.76所示。

表5.74 第三年综合费用表

项目	金额/W	项目	金额/W
管理费	44	市场开拓	20
广告费	325	ISO认证	22
维护费	450	产品研发	118
损失	95	信息费	0
转产费	0	合计	1250
厂房租金	176		

表 5.75　第三年利润表

项目	金额/W	项目	金额/W
销售收入	3352	支付利息前利润	637
直接成本	1429	财务费用	237
毛利	1923	税前利润	400
综合费用	1250	所得税	80
折旧前利润	673	净利润	320
折旧	36		

表 5.76　第三年资产负债表　　　　　　　　单位：W

资产	期初数	期末数	负债和所有者权益	期初数	期末数
流动资产：			负债：		
现金	0	572	长期负债	0	444
应收款	1119	1151	短期负债	1080	1314
在制品	350	592	应交税金	0	80
产成品	29		—		
原材料	0				
流动合计	1498	2315	负债合计	1080	1838
固定资产：			所有者权益：		
厂房	0	0	股东资本	666	666
生产线	168	132	利润留存	−306	−80
在建工程	0	297	年度净利	226	320
固定资产合计	168	429	所有者权益合计	586	906
资产总计	1666	2744	负债和所有者权益	1666	2744

第三年末间谍时间

了解到很多组都已经研发了 P4 和 P5，并且产能都不小，都高于我们的预想，所有者权益也都不错，和我们组的竞争很大。

企业第四年的广告投资决策

在第三年经历了竞单之后，各组的产能基本都有所提升，而相对于略有紧缩的第四年市场，市场供给严重大于市场需求，并且由于前两年的市场对高端产品 P4、P5 比较偏爱，但是我们有着 5 条自动租赁线在产 P3，因此我们在第三年局势稍有好转之后进军了高端产品，想着在主卖 P3 的情况下利用 P4、P5 消耗过剩的产能。

第四年财务估算

选单结束之后，我们发现自己跟市场存在着滞后性，在第三年市场较好的情况下，第四年"换了一个制单人"，给出了一个比较坑的市场，1、2季度交的单占据了很大的比例，尤其是P4、P5，以至于我们得到的订单与投放的广告是不成正比的。财务总监计算之后，本年企业销售实现的毛利是1184W，发生的综合费用为1086W（管理费44W，广告费405W，维护费450W，厂房租金176W，市场开拓11W），发生的折旧费为90W（15×6W），财务费用为143W（长贷利息62W，短贷利息77W，贴息4W），最终企业实现净利为－135W。第四年的经营如表5.77～表5.79所示。

表5.77 第四年综合费用表

项目	金额/W
管理费	44
广告费	405
维护费	450
损失	
转产费	0
厂房租金	176
市场开拓	11
ISO认证	0
产品研发	0
信息费	0
合计	1086

表5.78 第四年利润表

项目	金额/W
销售收入	2290
直接成本	1106
毛利	1184
综合费用	1086
折旧前利润	98
折旧	90
支付利息前利润	8
财务费用	143
税前利润	－135
所得税	0
净利润	－135

表5.79 第四年资产负债表   单位：W

资产	期初数	期末数	负债和所有者权益	期初数	期末数
流动资产：			负债：		
现金	572	738	长期负债	444	1404
应收款	1151	1269	短期负债	1314	1314
在制品	592	1044	应交税金	80	0
产成品	0	99	—		
原材料	0		—		
流动资产合计	2315	3150	负债合计	1838	2718

续表

资产	期初数	期末数	负债和所有者权益	期初数	期末数
固定资产：			所有者权益：		
厂房	0		股东资本	666	666
生产线	132	339	利润留存	−80	240
在建工程	297	0	年度净利	320	−135
固定资产合计	429	339	所有者权益合计	906	771
资产总计	2744	3489	负债和所有者权益	2744	3489

生产投资

按财务总监的预算，我们今年的净利润为−135W。经商议，考虑到下一年的贷款，我们仍然按5条自动租赁线生产P3，15条手工线进行其他生产，不考虑拆除一部分的租赁线。（此时回顾国赛，我们第三年上了租赁线没拆就是错误，而第四年还没拆更是把这个错误给延续下去了。因为，通过市场预测，我们已经能预测到第四年、第五年的市场供给严重大于市场需求，我们每年都投了高额的广告却无法拿到足够的订单，这已经很影响利润，而我们每年还要为没拆掉的租赁线支付高昂的维护费，更拉低了利润。）

第四年末间谍时间

由于第四年的市场设下了一个巨大的坑，导致各组都有产能剩余，使得市场供大于求的情况更为明显，并且经营到第五年，各组基本都已完成了所有产品的研发，在这样的情况下，市场更显得拥挤。各个组为了消耗产能，很有可能采取遍地撒网的形式投放广告，虽然这一年有竞单，但这一年每个组都库存了很多产品，下一年要交产品有很多，因此各组都会采取狠砸广告的形式以求拿到更多的单，虽然净利润很可能还是负的，但只要保证比别的组降得少，那就是一种胜利。

第五年财务估算

本年拿了订单之后，分工计算，企业本年的销售额是2783W，直接成本1558W，销售毛利是1225W，发生的综合费用为1376W[管理费用44W，广告费596W，设备维护费120W（15条手工线×8），损失440W，四个大厂房租金176W]，财务费用491W（长贷利息197W，短贷利息77，贴现利息217）。毛利减去这些支出和费用后企业实现的净利润为−732W，本年末企业的所有者权益降到了39W，濒临破产，我们组处在了一个极其危险的境地。

融资： 本年拿了订单之后，马上登记订单，发现今年的所有者权益降得太多，所以为了避免第六年初还不上短贷或因还短贷而没有钱打广告的情况出现，财务将第一季的短贷额调整至最低，尽量将短贷往后延。

市场开拓、产品研发、ISO认证都已开发完成，不需再进行投资。

厂房，生产线投资： 由于第五年库存产品太多，第六年广告额有限，担心第六年P3卖不完，租赁线留着特别伤，所以第五年末拆了五条租赁线，退租一个大厂房。

第五年的经营如表5.80~表5.82所示。

表 5.80 第五年综合费用表

项目	金额/W
管理费	44
广告费	596
维护费	120
损失	440
转产费	0
厂房租金	176
市场开拓	0
ISO 认证	0
产品研发	0
信息费	0
合计	1376

表 5.81 第五年利润表

项目	金额/W
销售收入	2783
直接成本	1558
毛利	1225
综合费用	1376
折旧前利润	-151
折旧	90
支付利息前利润	-241
财务费用	491
税前利润	-732
所得税	0
净利润	-732

表 5.82 第五年资产负债表 单位：W

资产	期初数	期末数	负债和所有者权益	期初数	期末数
流动资产：			负债：		
现金	738	455	长期负债	1404	1404
应收款	1269	693	短期负债	1314	909
在制品	1044	471	应交税金	0	0
产成品	99	484	—		
原材料	0				
流动合计	3150	2103	负债合计	2718	2313
固定资产：			所有者权益：		
厂房	0		股东资本	666	666
生产线	339	249	利润留存	240	105
在建工程	0	0	年度净利	-135	-732
固定资产合计	339	249	所有者权益合计	771	39
资产总计	3489	2352	负债和所有者权益	3489	2352

第五年末间谍时间：第五年末间谍发现，几乎所有的组今年利润都是负的，今年破产了三个组，我们组是未破产组里的权益最低的。大家都库存了很多产品，特别是高端产品。第六年市场需求突然增大了很多，注定第六年产能为王。

企业第六年的广告投资决策

5个市场已经全部开拓完成，5种产品也全部研发完成，市场全面复苏，相较第五年的需求危机，需求量增加了一倍，因此第六年的策略是每种产品各卖一些。

第六年财务估算

由于第五年的需求危机导致销量大减，权益急剧下降，本年最大的问题是无法再进行贷款，每一季除了必要的生产支出外还要还上一年的短贷，所以只能利用贴现等方式来补充必须的资金，甚至第一季还需要出售多余的库存材料和变卖空产的一条手工线，来解决由于产品的紧急采购而造成的资金缺口，因此今年在财务方面的任务很艰巨，对每1W现金的使用都要精打细算。

第六年的经营如表5.83～表5.85所示。

表5.83 第六年综合费用

项目	金额/W
管理费	44
广告费	324
维护费	8
损失	160
转产费	0
厂房租金	
市场开拓	0
ISO认证	0
产品研发	0
信息费	0
合计	536

表5.84 第六年利润表

项目	金额/W
销售收入	3558
直接成本	1326
毛利	2232
综合费用	536
折旧前利润	1696
折旧	
支付利息前利润	1696
财务费用	588
税前利润	1108
所得税	60
净利润	1048

表5.85 第六年资产负债表　　　　　　　　　　单位：W

资产	期初数	期末数	负债和所有者权益	期初数	期末数
流动资产：			负债：		
现金	455	1	长期负债	1404	1404
应收款	693	741	短期负债	909	0
在制品	471	0	应交税金	0	60
产成品	484		—		

续表

资产	期初数	期末数	负债和所有者权益	期初数	期末数
原材料	0		—		
流动资产合计	2103	742	负债合计	2313	1464
固定资产:			所有者权益:		
厂房	0	1776	股东资本	666	666
生产线	249		利润留存	105	−627
在建工程	0	33	年度净利	−732	1048
固定资产合计	249	1809	所有者权益合计	39	1087
资产总计	2352	2551	负债和所有者权益	2352	2551

 结束语

　　本次比赛最后一年虽然做出了正确的决策,力挽狂澜,但整体结果还是并不理想,主要的原因在于对于瞬息万变的市场的敏感度没有跟上对手,导致前期新产品进入比对手慢了一步,后面直接体现为资金流的局限而导致的恶性循环,还有开局时的小失误在后面对资金的影响形成的蝴蝶效应,在企业经营中表现的十分明显,因此预算时一定要做好最坏的打算,但是无论是遇到失误还是各种困难,坚持不放弃是我们最难得的一种财富,才能在各种情况与预期不符的情况下,迅速调整策略,在最后扳回一城。

　　虽然最终我们在国赛中只得到了二等奖,但在本次比赛中,我们感受到了大起大落,经历了失败也经历了绝地反击,这应该就是沙盘的乐趣所在了吧。

第6章 赛后感言

6.1 第十二届参赛队队员 王岚熙（CEO）

这次桂林之行对我而言是有遗憾的，我们并没有按预想打出全国大赛一等奖，只获得了二等奖的成绩。在这次比赛中，我作为 CEO，是要背锅的，激烈的比赛要求 CEO 以一个极其冷静的心态去应对比赛中可能出现的各种突发情况，显然在这一点我做得不够。

这次比赛的规则较往常而言，十分奇怪，它给了我们更多的初始资金，但同时也给了我们更高昂的花费。在分析完市场之后，我们预测在前三年的市场会比较松，单位收益很大，因此要扩大产能。但在第四年开始市场就会变得越来越挤，单价越来越低，这就要求我们在第四年保持较低的费用以平衡收益上的减少。

因此我初步定了手工线开局的策略，这种策略很稳妥，但缺乏冲力。在一两场模拟赛后，我和我的队员在方案的选择上发生了分歧，我偏向稳妥的方案，他们希望走更为激进的方案。在激烈的讨论之后，我们决定走激进的方案，事实证明临时换方案就像临时换将一样是兵家大忌。

在比赛中，由于我们走了比较激进的方案，因此要求我们卖出的产能要达到一定程度才能满足我们的花销，我们在第一年的广告出现了一些失误，我们没有卖出想象中的产能，而我们又错误的估计了形势，上了和之前预想一样的线，这就为之后几年的高额费用埋下了伏笔。在第三年，我们看到市场上的单子3、4季度交的较多，因此我们想在第四年使用较低的广告去捡单，但现实再一次给了我们的侥幸心理以一个沉重的打击，第四年的单子风云突变，3、4季度交的单子变少了，因此我们并没有卖完我们的产品，库存越来越多，费用越来越高。在第五年，我们濒临破产的边缘，我们决定壮士割腕，把所有的租赁线都拆掉了，库存了尽可能多的产能，第六年的市场很大，我们预测一定可以卖完。果然第六年的市场同我们预想的一样，供大于求，我们卖掉了我们的库存，保住了二等奖。

经过全国大赛的洗礼，我们的思想更加得成熟了。在比赛的过程中，经历了凌晨三四点睡的辛苦，经历了濒临破产的绝望与挣扎，经历了老师的耐心疏导，经历了置死地而后生的欣喜。虽然最后结果并不尽如人意，但我们收获的不仅仅是成绩，更有一起奋斗的友谊，为了共同目标而努力的责任感。全国大赛，不虚此行。我们，不惧前途。

6.2 第十二届参赛队队员 宋泳华（COO）

群雄逐鹿，是我对 ERP 沙盘模拟全国总决赛最大的感触。来自全国各地 120 多个的参赛团队，注定这场没有硝烟的战争将异常残酷而激烈。夺冠，我们满怀信心，因为我们团队准备充分，配合默契；夺冠，却也充满压力，因为我们肩负着全校荣誉，要面对来自全国的高手能人。然剑已出鞘，弹已上膛，只待号角吹响，享受厮杀的快感。

全国大赛前文： 未雨绸缪， 决胜千里

全国大赛规则在比赛前两天发出，要在两天内做出一套完美的方案，可谓时间紧任务重。但比赛是公平的，只有付出更多的努力才会有更大的回报。团队通宵达旦，最终定出两套方案：一套以手工线开局，稳步发展；另一套以租赁线为主开局，大步前进。前两方案各有不同，前者稳健，但前期效果不很明显；后者提升权益快，但有风险。举棋不定之时，团队以"投票"的方式选择了第二套方案。但当局者迷，这样的决策却成为我们的第一个败点（后文将具体说明）。

前三年经营： 计划赶不上变化， 临危不乱随机应变

高手过招是不能有任何闪失的。第一年经营，我们按原方案布局，一切如初。第二年，因为投广告的一点失误未能按原计划卖出产品，加之误把厂房贴现，第二年还是有很大的亏损和影响。计划被改变，经营有失误，即便在这紧张、艰难的时刻，我们能平静心情，冷静对待所有的困难与挑战，这是比赛中最基本的更是最重要的。随即，团队讨论变计划中的两条租赁线为手工线，希望以此来扭转逆局。第三年，我们有了很大的进步，这让我们看到了冠军的光芒，但同时因受到前面 P4、P5 产品的高利"诱骗"，盲目进军，埋下败笔。

后三年经营： 滑铁卢后的亮剑

前期 P4、P5 产品利润高市场大，投以小额广告便可"捡单"。受此诱惑，我们研发该产品并在第四年进军，然事实却是，市场骤变，狭小的市场使我们无法与主营 P4、P5 产品的团队抗衡，不仅产品积压还浪费了广告费。这一击是我们团队元气大伤，节奏全乱，仅留一丝气息几近灭亡。这一年是我们团队最艰辛最困难的一年，几乎嗅到死亡的气息。但越是这个时候越需要泰山压顶、天塌而不惊之势，既然无法突围只有正面亮剑。在后两年，哪怕砸锅卖铁，也要拿出广告额卖出产品清理库存，背水一战生死一间。我们卖线、贴现只为广告额，终于我们卖出产品活下来了。最终团队取得国赛二等奖的成绩。

赛后总结： 事后诸葛亦诸葛

宏观而言，我们的错误有以下几方面：首先，平时的训练我们过于注重能力的提升，平时很多时间是团队分为两组到三组同时训练比赛，这样个人的能力虽然有很大提升，但对于整个团队的默契却不利，进而导致国赛中的细节性失误。其次，方案的选择上，我主张符合我平时训练比赛风格的第二套，第一套则是 CEO 平时的风格，最终以"投票"形式决定，但在比赛中很多发展方向需要 CEO 拍板，而整体方案与其风格却又不符，是潜在的败点。此外，在比赛过程中，我们过于死板，在意见与 CEO 或是其他总监不同时，想的是做好本职工作而不是提出"干涉"。最后，是比赛前夕的心态，无论你平时比赛打的多么好，须知山外有山，人外有人，应不浮夸不紧张，有一个良好的睡眠。

微观而言，经营中的失误也有几点：第一，第二年广告投放的失误与厂房贴现的失误。第二，第三年对市场分析不够，研发进军产品的失误。第三，实物盘面摆放不规范，报表错误的失误。

总之，不管怎样全国大赛都已结束了，我们要做的是分析与汲取。虽然比赛结果不尽人

意,但我知道我们的团队是最棒的团队,多少个日夜我们并肩作战,赢了我们欢欣鼓舞,败了我们再接再厉,一同浴血奋战的日子是我最刻骨铭心的回忆。我们的带队老师是最亲的老师,我们比赛的背后是韩洁老师时刻的支持、关心、鼓舞与激励。ERP 让我学会了团队合作,培养了危机意识和创新精神,养成全面思考与换位思考的习惯,体会到企业经营之艰辛复杂。但最重要的是 ERP 让我收获了最美的时光与最深的情谊。

6.3　第十二届参赛队队员　孟丽（CFO）

　　全国大赛规则于正式出发前两天下发至各参赛选手手中,时间如此紧张,我们不得不争分夺秒地准备方案。刚看到市场规则的第一眼,大家都不约而同地吐槽着规则的奇葩,这是打了这么久商战以来遇到的最奇葩的规则,但是吐槽归吐槽,大家还是迅速地去分析规则和市场,做方案,毕竟时间如此紧张,不得不争分夺秒。在做方案的过程中,我们试着去做各种产品开局的方案,结果发现各种产品组合其实都生存的不错,那么就必须从中选取最优方案了。在确定方案之前,我们打了一场全国大赛模拟网赛,我们分为两组,试了两个方案,分别是以租赁线开 P3、P5 和以手工线开 P1。这是两种风格完全不同的方案,结果在模拟赛中的结果都挺让人满意,因此我们最后便保留了这两套方案。在最比赛前天晚上,我们五个人在一起选择和完善最终方案,最后经过投票决定以租赁线开 P3、P5。

　　比赛开始了,第一年点盘的时候我们按照原制定的规则,迅速地点盘和摆盘。然后第一年结束后间谍,汇总间谍信息后发现,P3 并没有我们想象中的那么挤,P2 挤一些。间谍情况对我们来说是有利的,所以我们信心满满地开始打广告。由于沟通不好的原因误把厂房贴现了,不过我们并没有慌,赶紧打广告。广告排名下来后,与我们想要的结果相差了许多,我们迅速讨论对策,最后以 226 广告额卖了 22 个产品,第二年结束后权益与预期降了将近 50 左右,这个时候大家都没有慌,按照计划继续走下去。第三年卖了 41 个产能,权益到了 900 以上,这似乎又让大家看到了希望,有了争夺国一的资格。在选单时我们看到了 P4、P5 的单子极好,便以为以后几年变化应该不会大,便最终决定研发 P4、P5,第四年上租赁线卖 P3、P4、P5。可是谁也没有想到,P4、P5 第四年的单子风格突变,本以为用低广告可以捡单,却没有想到最后 P4、P5 分别只卖出去了两个。库存了许多产能,加上租赁线的高维修费,结果第四年的权益降了 135。这个结果注定再也无法翻身,大家都感受到前所未有的压迫感。第一天晚上回去之后大家冷静下来,把当前对手的信息仔细地分析了一遍,发现我们处境极其艰难。但是我们并不颓废,把所有的预算做到最精确,找到了生存下去的方法。你永远猜不到结果比期望有多糟糕,第五年选单比预算中最差的情况还要差,库存了一大堆,这一次我们真的感觉到了死亡一点点地靠近。但是这个时候我们谁都不能慌,尽我们最大的努力找到生存下去的方案。经过讨论以后,我们决定卖掉 5 条租赁线,这一年的权益降到了 39!在所有活着的组里面倒数第一。在这种情况下第六年是很缺钱的,为了保证广告费,我们把原材料入库,生产线生产最大值算出来,最后用 324 广告卖了 47 个产能,权益涨了一千多,拿到了全国大赛二等奖。

　　作为这个团队的 CFO,比赛后认真反思,发现我这次比赛中存在的一些问题:(1)团队沟通没有做好。在第二年打广告的时候,我没有跟 CEO 强调不用贴厂房,这是我的失职。(2)过于注重当年的权益,眼光不够长远,导致选单上灵活性降低。(3)做事不够细心，导致没有注意到实物盘面中现金额错误，导致小组被扣分。（4）最后一年的报表填写错误扣分，忽略了税前弥补亏损的交税规则，这是作为财务不合格的体现。

这次比赛过程可谓是跌宕起伏，百转千回。虽然这次比赛我们没有拿到想要的名次，但是我们为它努力过，拼搏过就是值得的，在最坏的情况下，我们能够不慌乱、不埋怨，冷静下来一起商讨对策，最后做到起死回生就是胜利的，这才是沙盘的意义。

6.4 第十二届参赛队队员 陈国政 （CPO）

从接触沙盘到参加全国大赛，尽管正式上课仅有三天半，沙盘也伴我七月有余。起初，抱着玩一玩的心态应邀参加了校赛，不曾想入选校队，参加了北京赛与国赛。全国大赛场上更是跌宕起伏，最后绝地反击，以国二的成绩为沙盘画上了一个不太完美的顿号，之所以是顿号，是因为希望能写些东西，与学弟学妹共勉。

在沙盘模拟对抗赛中，我以一个采购总监的身份参与，经历了校赛、北京赛以及全国大赛，七个多月的接触，对沙盘有了些自己的心得。

ERP是最高决策者与全体员工参与的微型企业。整个微型企业的发展，可以将其以四个能力划分：订单获取能力，产品研发供应能力，收入转化能力，临场应变能力。

第一，临场应变能力

之所以先介绍临场应变能力，是因为临场应变能力是贯穿于整个比赛的始终，并且也是最重要的。

举一个简单的例子：同一个方案，给不同的人经营，最终的结果也会不同，这不仅是因为技术水平有高低，也是临场应变能力的差异体现。

第二，订单获取能力

订单获取能力还应分为三个阶段，市场分析、广告投放以及订单获取。

首先是市场分析，市场分析包括事前分析、事中分析以及事后分析。

此次全国大赛，比赛伊始，市场的拥挤情况正如我们预测一样：P2＞P3＞P5＞P4＞P1，然而，在事中分析上，我们与市场相比出现了滞后现象，转变慢于市。

其次是广告投放，我们在第一年广告投放就失误了，两个市场都投了中广告，排名都靠前，但都是被上一名压了一小点，以至于没有二轮单，一开始节奏就被打乱了。（毕竟不是市场，不专业，嘻嘻）

最后是订单获取，订单获取需财务与生产沟通，综合交货期与账期选单。有时即使价格稍低，但在交货期、账期的调节下能少贴现，可获得更多的利润。

第三，产品研发供应能力

产品供应能力就是要求生产与采购要以有限的资金保证产品最大限度的供应，以及选单时的灵活性。而研发能力则是依市场以及CEO对市场分析之后在资金允许的情况下确定的。

第四，收入转化能力

收入转化能力，通俗的就是盈利能力。需要对订单合理选择、对贷款的合理调节，以及对资金流的充分利用。

经过这次比赛，能给学弟学妹留下的还有一句话：有时，"争吵"也是必要的。此次比赛，我们团队关系一直很和谐，我们可以说每个人都能独当一面、都单屠过别人，也正因为这样，平时的练习中，我们采取了各自做一套方案，最后选一套方案打比赛的练习方式。而这也为我们国赛的失利埋下了祸因。因为我们的风格是不尽相同的，国赛时我们也是采取了平时练习的方式定方案，以至于国赛方案是大多数队友不熟悉的。这也突出了我们的临场应变能力的不足。

沙盘模拟对抗赛已经结束，可这七个多月的时间，正如韩老师所说，我们就像一家人，我们收获的是友情，也是亲情。

6.5 第十二届参赛队队员 张淅萌（CMO）

从大三下学期上 ERP 课程到参加全国大赛已经 8 个多月了，这说短不短说长不长的一段经历，成为了我人生中最最重要的一段时光，不管是对自身的提高，还是友情的收获。

一开始参加校赛就差一点没报上，到报名截止的最后一天才找齐队友，从校赛到北京赛我的身份也一直是财务总监，每次比赛都在埋头做预算或者平报表，到北京赛结束后由于一些客观因素，才半路出家苦练市场，从一开始焦头烂额，也慢慢摸出了一些门路，然则也不一定能每每做好，考虑的越多，越是会举棋不定，反而有时会束手束脚，也更能深刻地体会到，对于市场嗅觉的敏锐度绝对是经营制胜的关键。

对于生产制造型企业来讲，销售是根本。简化到沙盘中，则体现为从市场中获取合适的订单。而要想拿到符合本企业发展战略的订单，在每种产品上、每个市场中如何投广告则是关键。

首先第一部分是观察市场。每一个企业能够直接观察到的是三种信息，即 P1～P5 五种不同产品在每个市场的均价、需求和订单数量，我们需要把这些信息处理为更有助于分析的数据，例如平均每单的产品数量，扣除成本后的平均产能利润，每种产品的需求平均分配给所有组的额度等。单均数量有助于我们更好地拆单，比如 P1 在本地市场上单均数为 4，我们可能更倾向于每一季的产出为 4 的倍数左右浮动，或者通过延后调整交货期的方式来凑单。

而更加重要和难以把握的是整体战略，因为身为一个处于完全竞争环境下的企业，对每一年主攻产品的选择就是一场和竞争对手的心理博弈。例如本次国赛，我们可以直接的观察到 P3 和 P5 的价格优势，再结合资金流等因素，这样我们就会认为 P2 和 P3 的市场会非常挤（P2 是 P5 的原材料，自身市场情况也较好），但是若对手中反其道而行之的较多，则实际情况就会和预料大相径庭。但通过多次网赛练习验证，实际情况总是和我们想象的大同小异，比如这次的 P2＞P3＞P5＞P1＞P4。其原因在于多数企业的最终目的为增长权益，而非做"隐世高人"刻意避开高利产品。那么接下来，间谍就显得极为重要了。

间谍的部分市场一定要掌握自己竞争对手的组数，每组的大致产能以及三四季交货的大致产品数量，以此来推测对手的广告策略以及自己的应对措施。

那么接下来就是广告部分。投广告的精髓不在于排名是否靠前，而在于是否充分利用每一份广告额来拿到自己想要得到的排名，其中的技巧在于研究对手和巧用市场。

经验性的东西都是大同小异，而实际情况还需要自己通过多多练习才能真正体会。我们的旅途已经结束，希望后面参加的学弟学妹们能够脚踏实地，全力以赴，为学校和自己创造辉煌。

6.6　第三届参赛队队员　刘宗广（CPO）

在沙盘模拟对抗赛中，当我以一个采购总监的身份参与时，渐渐意识到，沙盘模拟，并不只是一个词汇，更多的，需要我们投入技术和思想。从最初的计算原材料采购的摸索阶段，到最后能够保证柔性生产线随时转产，我体会很多。

首先，工作中，细心谨慎就是成功。

身为采购总监，我的本职工作，就是计算原材料的数量，以配合生产的顺利进行。但是，由于我们组在北京赛和全国赛两次比赛中，都上了柔性生产线，以使市场总监在选择订单时有更多的灵活性，因此，在计算原材料上，就给我增加了难度。我必须清楚地计算出原材料的采购数量和正确的采购时间，才能提前为生产总监提供生产便利。此外，我还必须做到精益求精，尽量少占用财务费用。在这种高要求下，两场比赛，我都做到了零失误，这也在一定程度上实现了自我肯定。

其次，密切配合才能如鱼得水。

在沙盘模拟对抗赛中，只有完美无瑕的配合，才能保证企业的顺利运营。能做到零失误，不只是我一个人的功劳。在比赛中，采购总监和生产总监的密切配合不可或缺。我只有知道生产计划，才能确定采购原材料的数量，生产总监只有保证原材料供应顺畅，才能准时完成生产，因此，在一定情况下，采购总监和生产总监要做到彼此互为助理，共同完成生产计划。我们在计算过程中，我配合生产总监计算产能和柔性生产线的可能情况；而生产总监会在计算出生产产能的同时，交给我一份需要的原材料数量，这样，我们两个人的计算，成为我们小组的双保险，使零失误变得轻而易举。

再次，有效地沟通会为企业带来更好的经济效益。

身为采购总监，不单单完成采购任务即可，作为团队的一分子，应该在讨论整体运营战略时，有自己的想法和建议。在我们团队进行讨论时，大家各抒己见，从而能够带来更多新鲜的想法。我因为没有 CEO 的责任，没有市场总监的压力，没有财务总监的保守，所以在思考问题时，反而更加大胆和创新，在一些问题的讨论上，我的想法更加能够跳出思维定势。这样与大家一起沟通和讨论，往往就能带来更好的战备思想。

沙盘模拟对抗赛结束了，但是，它的影响一直留在我的心里。我学会了团队合作，培养了危机意识和创新精神，提高了抗压能力，同时也体会了企业经营的艰辛。我相位，我以后的生活和工作，都会从中受益。

6.7　第二届参赛队队员　李鹏（CEO）

全国总决赛让我见到了真正的硝烟，竞争很残酷，第一天就有三个队被迫退出，我们第一天也经营得非常艰难，现金流几将断流，我们卖掉了厂房，但这个决策还是晚了一期，接着就是连续不断的贴现，我本以为我们组贴得已经够多的了，但后来看到很多组的贴现费用都有了多半桶，有的甚至有了一桶，我们组与其相比算是好的。

这次我们组能夺冠靠的还是五位成员的通力配合，我们五人无论在什么时候都保持着乐观向上的心态，即使在最艰难、最紧张、最气愤的时刻，我们都努力平静心情，冷静地对待所有的困难与挑战，也正是由于这样我们才能正确地处理和解决经营中所遇到的各种难题。

财务总监很辛苦，除了平常要管理日常收入和支出外，在年末关账的时候要尤其细心、耐心。我们的财务总监对短期贷款和长期贷款把握得很好，在最开始的时候能借长贷的时候要多借，因为后几年所有者权益会急剧下降，而短贷则是每季度够用就行，不必过多的借，因为这会造成资金的闲置，还要付利息，而且容易把贷款积累到一起还，造成财务上的压力。在比赛中我们的财务总监做出了精确的预算，这为每年的经营战略铺平了道路，并且在时间紧迫的情况下，她能够处乱不惊，在几分钟内将所有的财务报表填报并配平；生产总监和采购总监亲密协作、配合默契，两人构成了从下材料订单、更新生产到出库、交货的双保险；市场总监对市场分析得极其透彻，在确定广告费的时候，能够做到有的放矢，拿订单也很准，这就保证我们有源源不断的应收账款，使现金流不至于断裂，而且对所有者权益有很大贡献；总经理的责任就是将四位总监组织起来，充分发挥每个人的能力，各司其职，互相配合。总经理要严格控制整个业务流程，这在培训中可能比较松，但在正式比赛中由于有其他学校的老师或用友的监督就会很严格，所以在培训中我就严格按照流程走。总经理还要把握公司的整体情况，妥善地处理各位总监的要求和建议。比如市场总监通常想争市场老大，从而开出很高的广告费，此时我就会和财务总监一起做他的工作，不要让公司冒较大的风险。如果参赛的成员们比较沉稳、保守，作为CEO就要激发他们的斗志；如果成员们很活跃，就要多监督他们，对他们的某些脱离实际的激进行为进行修正。总而言之，我认为一个公司需要的是一个沉着、稳健的CEO。

在比赛中我们的竞争对手主要有两个，在第三年末的时候他们和我们不相上下，但他们在后两年出现了失误，他们最大的失误就是没有把产能最大限度地提上去，而我们组在第四年上了2条全自动生产线，第五年上了3条，极大地提高了产能，使得第六年的所有者权益提高了70。在拿单上其中一组受两个市场老大的束缚只能拿最大单，却不能选择单价较高的订单，而另一组没有市场老大就要多打广告费；而我们选单原则的不同，增加了我们的灵活性。我们的目标是提高销售利润，因此，在有市场老大的前提下，首选单价高的订单；而少量广告费，又能同时选择较多的订单；强大的产量支持，使我们实现了既能保住市场老大地位，又拿到了高利润订单的双赢局面。多打广告费的小组的财务处理得不是很好，他们没有卖厂房，而是用贴现来融资，这就使得他们的财务费用又雪上加霜。这两个小组还有一个相同的不足之处就是第一年末的长期贷款没有借满，短期贷款是用来缓解暂时的资金不足的，长期贷款则是用来投资的，两者虽可以互相偿还，也就是可以借长贷还短贷或借短贷还长贷，但两者提供的资金的最终用途却是与上述用途相同的。比赛中市场到后期很大，谁能将产能提到最大谁就能取得最后的胜利，而要想提高产能第一年末贷满长贷是投资生产线提高产能的必备条件。

在比赛前一天晚上，我们就在产品开发这一问题上争执不下，队员们讨论到凌晨两点也没有争论出结果，有的组员认为应主打P1、P2、P3，因为这三种产品衔接得比较好，即P1能够为P2提供比较充足的现金流，而P1、P2又可以为P3的研发提供支持；但有的组员则认为应采取P1、P2、P4或P1、P3、P4的产品组合，理由则是在最后两到三年P4的利润极高。持前一种观点的队员认为若采取后一种策略，P1、P2 不能够直接支撑 P4 的研发投产，容易在第三年就陷入资金短缺的困境，甚至有可能直接出局；但持后一种观点的同学觉得若想赢得冠军就应该适当冒险，不入虎穴焉得虎子。双方争得不可开交。其实我是赞同后一种观点的，但最后我动摇了，没能坚持己见，而事实证明后一种决策是正确的，这是我永远的遗憾。因此在这里我要提醒参赛的 CEO，如果队伍成员的意见相左，要领导队员们冷静地分析，如果不确定因素确实很多，无法得到一个确切的答案，那么 CEO 应该按自己的直觉一锤定音。因为 CEO 是队伍中对全局最了解的人，一定程度而言他决定的准确率应该是最高的。并且 CEO 决定后，全组要坚决执行，不能再有任何的犹豫，否则队伍就会踌躇不前，错失机会，浪费时间。

以上就是我在全国赛的感悟，希望对后来的同学们能有一些启发。

6.8　第一届参赛队队员　张腊梅（CEO）

2005 年 8 月 22 日到 24 日来自全国十余所高校的莘莘学子齐聚北京，参加由用友软件股份有限公司主办的第一届全国大学生 ERP 沙盘模拟对抗赛。

此次比赛由用友公司主办，作为国内最大的管理软件供应商，用友软件在全国拥有众多的成功案例。在北京，众多的知名企业选择用友 ERP，很多高校也把用友沙盘作为经管类学生实习的必备项目。

面对来自经济学专业、财务专业、管理专业、信息专业以及工业工程专业的同龄人，作为北京化工大学代表队的我们经历了两天的激烈竞争，最终获得亚军，两天时间虽短，感觉却像真的经历了六年，我们在比赛过程中不断根据实际情况调整战略，全队既分工明确又团结协作，从第三年开始经营状况就一直处于优势。但我们在最后一年掉以轻心，结果被北京工商大学的 B 组超过，所以，经历的两天里我们感受颇多。

首先，作为 CEO 我发现不同的管理者所采取的管理方式大相径庭。总的来说主要有集权和分权两种，这主要由团队中每个队员的性格决定。比如另一代表队就属于典型的集权管理，由 CEO 做出决定，然后不同的人分别按照 CEO 的指示做自己的工作，几乎不会产生争执。这样做的好处虽然很明显，但个人的判断力有时不会比集体的判断力强，因此错误的决策在所难免。我们队采取的是集权与分权相结合的管理方式，大家站在不同的职位角度共同讨论经营战略，争取不忽视每个部门的利益，以使总体利益最高。当我们争执不下时，比如广告费投放问题，则根据不同情况由 CEO 或主管这个问题的队员决定。这样既保证了效率，又减少了武断的决策给整体带来损失。同时，我也深深体会到了当好一个企业的管理者若想把握好集权与分权的"度"是多么的困难。

其次，在这次比赛中我充分体会到了"博弈"两个字的含义。你投三百万的广告费，我只比你多投了一百万却有可能拿到多得多的订单。但我如何知道另外的十多个队广告费投入多少呢？我如何知道他们的市场战略呢？……这就是"博弈"，心理学派上了用场，从各方面分析对手，及时调整自己的战略。这方面工商大学的两个参赛队表现得很突出。他们都派了专门的队员到各个队"刺探"情报，这在以往的比赛中是没有的。但我觉得这样做虽然能及时了解到竞争对手的情况，但可能会导致迷失自己的发展方向而最终走向失败。因此，如何既避免"闭目塞听，闭关锁国"，又不迷失自己的战略方向，仍然是一个如何把握"度"

的问题。

　　另外，长远利益和眼前利益的兼顾也非常重要。比如争取市场老大的目的是什么？何时购买厂房最合适？何时何地上何种生产线才能使总分最高？……考虑这些问题时必须既从全局长远利益出发，又要兼顾眼前企业经营状况。比如在争市场老大这个问题上，几乎所有参赛队都说应该及时争取做市场老大，但我认为不同阶段市场老大的作用是不同的，因此应该采取不同的对待方式。企业经营前几年，市场老大的作用非常明显——上一年的市场老大可以在下一年节省大量广告费，并可以优先选单；而最后一年市场老大就只是加分的作用了。经营前几年由于几乎所有企业都会入不敷出，所以拿到最大的订单非常重要，因此应该尽量争取市场老大。但同时也应权衡广告费的投入与市场老大的收入之间的关系，浪费大量的广告费挣到一个利润空间很小的市场得不偿失。而又因为我们毕竟不是真正经营企业，因此最后一年的总分很关键。而提高总分的关键又是提高所有者权益，因此最后一年的重点就不是争销售额而是争取使利润最大化。若要利润最大，就要拿到利润高的订单，而不同订单的利润与销售额往往不一致，这时选择合适的订单才是至关重要的。

　　总之，通过这次真实的模拟，我们深刻体会到了用友公司举办这次大赛的良苦用心。ERP大赛不仅是对相关理论学习的有益补充，更重要的是培养了我们的实际操作能力，将我们的专业所学投入到真正的企业运营中去，使我们深入了解企业的经营运作过程，培养我们的创新实践能力。感谢用友为我们提供了一种全新的学习方式，使我们对企业资源规划有了清晰的了解。

参 考 文 献

[1] 陈明.ERP沙盘模拟实训教程.北京：化学工业出版社，2009.
[2] 王新玲等.ERP沙盘模拟学习指导书.北京：电子工业出版社，2005.
[3] 陈冰.ERP沙盘实战.北京：经济科学出版社，2006.
[4] 路晓辉.ERP制胜.北京：清华大学出版社，2006.